Adolph Eduard Grube

Anneliden

Adolph Eduard Grube

Anneliden

ISBN/EAN: 9783744643757

Hergestellt in Europa, USA, Kanada, Australien, Japan

Cover: Foto ©ninafisch / pixelio.de

Weitere Bücher finden Sie auf **www.hansebooks.com**

ANNELIDEN.

BEARBEITET

VON

Dᴿ· EDUARD GRUBE,

ORDENTLICHEM PROFESSOR DER ZOOLOGIE AN DER UNIVERSITÄT BRESLAU.

—

MIT 4 TAFELN.

Die Ausbeute der Novara-Expedition an Anneliden beläuft sich auf mehr als 30, theils dem Meere, theils dem Lande und süssem Wasser angehörige Arten, von denen jedoch nur 29 bestimmbar sind. Von diesen gehört 1 zu den Onychophoren, 20 zu den Polychaeten, 1 zu den Oligochaeten und 7 zu den Discophoren. Was die Fundorte betrifft, so hat man einzelne bei Rio Janeiro, Taïti, Shanghai, Singapore und Sidney, die meisten auf den Nikobaren, am Cap und bei St. Paul gesammelt; von welcher Insel ich neun Arten verzeichnet finde. Letztere, mit Ausnahme einer bereits vom Cap und einer andern vom Rothen Meere her bekannten, vielleicht auch einer dritten, noch genauer zu vergleichenden Art, sind sämmtlich neu; überhaupt aber beträgt die Zahl der neuen Arten 22, und unter diesen müssen zwei zu eigenen Gattungen erhoben werden: es sind die Gattungen *Tylorrhynchus* und *Psammocollus*. Erstere nimmt ihren Platz in der Familie der Lycorideen, die, wenn man die *Nereilepas* und *Heteronereis* nur als Gruppen von *Nereis* betrachtet, bisher blos auf zwei Gattungen beruhte, *Psammocollus* in der Familie der Maldanien, bei der sich umgekehrt die Zahl der Gattungen in neuester Zeit so vergrössert hat. Besonderes Interesse nimmt ferner ein von Ritter v. Frauenfeld am Cap entdeckter *Peripatus* in Anspruch, der mit der dort schon früher gefundenen Art, soweit ihre sehr kurze Beschreibung Anhaltspunkte gewährt, nicht identisch sein kann, sowie ein Landblutegel von Sidney, dessen Übereinstimmung in der Augenstellung mit der jetzt von Schmarda ausführlicher beschriebenen *Hirudo ceylanica* und mit *H. tagalla* es nicht unwahrscheinlich macht, dass sich die Landblutegel, welche eine so ausgezeichnete Rolle spielen, vielleicht allgemein durch eine abweichende Stellung der Augen von den im Wasser lebenden *Hirudo*-Arten unterscheiden. Auch von den durch die ringförmige Gruppirung der Borsten so auffallenden Lumbricinen, den Perichaeten Schmarda's, ist eine Art mitgebracht, unter deren Exemplaren uns eines über die Stellung der Genitalöffnungen vergewissert.

Den Anneliden schliessen sich einige Turbellarien an, von denen jedoch nur eine, eine zur Gattung Bipalium gehörige Landplanerie, sicher bestimmt werden konnte. — Die Angabe der Färbung bezieht sich nur auf die mir vorliegenden Weingeistexemplare.

1*

ONYCHOPHORA.

Gatt. PERIPATUS GUILD. char. emend.

Corpus brevius vermiforme, semicylindratum, ventre plano, cute molli verrucosa, segmentis minus numerosis, haud accuratius distinctis, annulatis, pari pedum 1-no instructis. Lobus capitalis crassus, cum segmento buccali coalitus, tentacula frontalia filiformia 2 retractilia, oculi simplices 2, ad basin externam eorum siti. Segmentum buccale utrinque pedunculo pediformi, in aperturam exeunte munitum; os ventrale, circulare, pharyngis exsertilis brevis maxillae utrinque 2 uncinatae, verticales. Pedes breves, crassi, conoidei fissura basis ventrali, apicem versus subtus ocreis subcorneis articulati, apice ipso multo angustiore, unguiculos 2 gerente. Anus postice, apertura genitalis ventralis proxime eum sita.

P. CAPENSIS Gr. (Taf. IV, Fig. 3.)

Subbrevis, supra fuscus verrucis minimis nigris et majoribus rubellis asperis, subtus colore carneo, verrucis minimis tantum obtectus, linea mediana nigra, interrupta. Verrucae cingula componentes magis quam in P. Edwardsii confertae, majores altiores, conicae asperrimae, apice spinulam erectam ferente. Pedes uncinigeri utrinque 17 vel 18 verrucosi, subtus plerumque cingulis 3. verrucas majores ferentibus, apicem versus ocreis latioribus 3, minus circumscriptis muniti.

Am Cap, von Ritter v. Frauenfeld unter Steinen der Hügel bei Constantia gefunden.

Nach Frauenfeld's Mittheilung war das lebende Thier „schwarzbraun, überall mit kleineren schwarzen und grösseren röthlichen Papillen besetzt, die wie feine dunkle Linien über den Rücken liefen; die röthlichen Papillen an den Seiten dichter, diese daher heller. Die Unterseite fleischröthlich mit in Querreihen gestellten Wärzchen und mitten abgebrochener schwarzer Längslinie. Füsse schwärzlich, mit Papillen besetzt, abgerundet keglig, in einen kleinen vorstülpbaren, mit zwei Klauen bewaffneten und zwei seitliche Warzen tragenden Kolben auslaufend; an diesem Kolben kann man drei schwarze Papillenringe zählen; alles mit feinen weissen Härchen bedeckt.“

Mir sind drei Exemplare zugesandt, von denen das grösste, bei dem die Spitzen der jederseits zwei Kieferhaken ein wenig aus dem Munde hervorragen, 29 Mill. in der Länge, 5·5 Mill. an der breitesten Stelle und hier 4 Mill. in der Dicke mass; Länge der Fühler 2·5 Mill., der grössten Füsse mit den Klauen, an der Bauchseite gemessen, 2·3 Mill., ihre Höhe etwas über 1·5 Mill., die Dicke über 1 Mill., es besitzt 17 klauentragende Fusspaare. Ohne Zweifel ist es dieses, auf welches sich Frauenfeld's nach dem Leben entworfene Abbildung bezieht, in der es aber eine Länge von etwa 42 Mill. besitzt, und in der die klauenlosen Fussstummel des Mundsegmentes, wahrscheinlich weil sie dem Körper etwas unterwärts anlagen, nicht angegeben sind.

Das zweite Exemplar hat ebenfalls 17 klauentragende Fusspaare, ist wenig kürzer (27 Mill. lang), aber sehr gestreckt (höchstens nur 2·5 Mill. dick), während das erste stark contrahirt und rücklings eingekrümmt ist; seine Füsse stehen jederseits, beinahe wie beim lebenden, um mehr als ihren eigenen Durchmesser von einander ab und haben eine Länge von 1·5 Mill., eine Dicke von etwa 1 Mill. und der ausgestrecktere Fühler eine Länge von 4·6 Mill., eine Dicke von noch nicht 1 Mill. Sein Rücken ist nicht flach gerundet, sondern fast gekielt und seine Färbung olivengrau, unten weiss, wogegen das erste Exemplar ziemlich das Colorit von Frauen-feld's Abbildung, nur an der Aussenseite mehr olivengrüne Füsse besitzt, die Unter- oder Innenseite derselben stimmt mit der helleren, gelblichen Bauchseite überein.

Das dritte Exemplar ähnelt in der Gestalt der Färbung dem ersten, ist aber nur 20 Mill. lang, 2 Mill. dick und 3 Mill. breit, die grösseren Rückenwärzchen treten durch ihre weissliche Farbe mehr hervor, die Füsschen sind etwas kleiner, aber die Zahl ihrer Paare um 1 erhöht, denn man erkennt jederseits hinten noch ganz deutlich ein sehr winziges achtzehntes Füsschen mit Klauen.

Wir kennen bereits einen *Peripatus* vom Cap durch Blainville, seinen *P. brevis*, der auf der Oberseite sammetschwarz, auf der unteren weiss beschrieben wird[1]); da derselbe bei einer Länge von 43 Mill. nur 14 Fusspaare besitzen soll (Corps subfusiforme, pourvu de quatorze paires de pattes) und aus meiner Untersuchung des *G. Edwardsii* hervorgeht, dass schon reife Embryonen die Fusszahl der Erwachsenen zeigen und diese unter einem Dutzend Exemplare nur um eines schwankte, so muss ich namentlich in Erwägung, dass hier die höchste Zahl der Fusspaare um mehr als ein Drittel kleiner ist, bei kleineren Zahlen aber überhaupt auch minder beträchtliche Schwankungen vorkommen, die Identität dieser beiden Species bezweifeln. Wir kennen ferner noch einen *Peripatus* mit 19 Fusspaaren — und zwar sind nur klauentragende gemeint — *P. Blainvillii* Blanch., allein seine Heimath ist Chili[2]) und daher abgesehen von allem anderen nach unseren jetzigen Erfahrungen über die Verbreitung der Thiere an keine Identität mit unserer Art zu denken. Die übrigen beiden Species haben noch mehr Fusspaare, *P. Edwardsii* 29 bis 30, *P. juliformis* 33; bei dem oben fast kirschrothen *P. Edwardsii* Blanch.[3]) erscheint mir wegen der minder gedrängten Stellung der Wärzchen der Rücken weniger rauh, auf dem Bauche sind sie bei *P. capensis* entschieden etwas grösser und die von ihnen gebildeten Querreihen fallen hiedurch wie durch die dunkle Färbung mehr ins Auge, zwischen je zwei Fusspaaren zähle ich in der Regel acht solcher Reihen, von denen die beiden innersten gerade, die anderen in sanft gekrümmten, mit der Concavität denselben zugekehrten Bögen verlaufen, die Wärzchen, die zwischen je zwei solcher Systeme, also zwischen den Füssen eines Paares stehen, bilden keine deutlichen Querreihen und sind kleiner. Die Füsschen zeigen einen sehr ähnlichen Bau, namentlich auch das Läppchen vor und hinter den Klauen, aber an dem Ende der dicken conoidischen Fusspartie, aus welcher der kurze dünne klauentragende Endtheil hervortritt, bemerke ich bei *P. Edwardsii* je vier, bei *P. capensis* nur je drei Querschienen der Bauchseite.

Dieser Endtheil fehlt dem am Mundsegment sitzenden Extremitätenpaar, das dafür mit einer grossen Endöffnung versehen, und wenigstens um jenes Stück oder noch kürzer ist, auch vermisse ich an ihm die queren Schienen der Bauchseite, die den wahren Füsschen ein entschie-

---

1) Ann. science. nat. Sec. Sér. VII. p. 38.
2) Gay. Historia fisica de Chile. Zool. III, p. 59, Atl. III, Fig. 2.
3) Müller's Archiv 1853. p. 322. Taf. IX, X.

den gegliedertes Ansehen geben. Frauenfeld, der jene Organe Mundfühler nennt, sah, dass aus ihrer Öffnung bei der ersten Berührung eine reichliche Menge eines milchweissen zähen Schleimes hervortrat, der etwas säuerlich roch; nachher gelang es nicht mehr solchen Schleim zu erhalten. Das schlankere, jetzt olivengraue Exemplar ist noch jetzt grösstentheils mit weisslichem, vielleicht eben daher rührenden geronnenen Schleim bedeckt. Die Organe, die jenen Schleim absondern werden, sieht Milne Edwards als Hoden an, ich habe sie in der oben angeführten Abhandlung Taf. X, Fig. 23 abgebildet und mich der Ansicht von Edwards angeschlossen, da jedoch bisher Niemand dies Secret mikroskopisch untersucht hat, so ist die Sache noch keineswegs entschieden, und diese Mittheilung von Ritter von Frauenfeld spricht, wie mir scheint, nicht eben dafür, dass das Secret Sperma sei. Die Öffnung der Bauchseite, durch welche die weiblichen Genitalien münden, liegt bei *P. Edwardsii* zwischen den Füssen des vorletzten Paares, bei unserem *Peripatus* aber entschieden weiter nach hinten, näher dem terminalen After. Schliesslich bemerke ich, dass ich an dem gestreckten Exemplare die sonst gewöhnliche Rückenfurche vermisse, doch ist die ganze betreffende Längslinie auch hier nicht mit grösseren Wärzchen besetzt.

POLYCHAETA APPENDICULATA.

Gatt. EUPHROSYNE SAV.

E. CAPENSIS Kinb. (Taf. I, Fig. 1.)

Euphrosyne capensis Kinb., Öfversigt af Vetinskaps — Akademiens Förhandlingar XIV. 1857. p. 14.

Caruncula parte anteriore semiglobosa tentaculum parvum quasi formante, angusta, carinata, lamina marginata, segmentum 8-vum attingens, oculi superiores ante carunculam siti, obliqui, inferiores inter pedes paris 1-mi deorsum spectantes, minores; cirri dorsuales et centrales breves, branchiae pone setas rami dorsualis cujusque sitae, 11, breviores, ramis apice dilatatis, externae minutae, segmenta 57; long. 43 mill., lat 11 mill.

Fundort: **St. Paul.**

Wenn Kinberg's Beschreibung auch nicht in allen Stücken auf die mir vorliegenden Exemplare einer *Euphrosyne* von St. Paul passt, so halte ich die Abweichungen doch nicht für bedeutend genug, um eine neue Art aufzustellen. Nur ein Exemplar erreicht die oben angegebene Grösse annähernd, (36·5 Mill.) und besitzt 57 Segmente, hat auch mit den Borsten gemessen 11 Mill. Breite, wobei der Mittelrücken zwischen den Kiemen 3 Mill. beträgt; die übrigen sind meistens nur 23 bis 30 Mill. lang und mit den Borsten 6 bis 9, ohne sie 5 bis 8 Mill. breit, die Zahl ihrer Segmente 49 bis 53. Bei einem 18 Mill. langen und mit den Borsten 6 Mill. breiten finde ich schon 51, bei einem 24 Mill. langen dagegen nur 49 Segmente, bei einem 30 Mill. langen 50; die Zahl derselben schwankt also unabhängig von der Grösse des Thieres. Die schmale Karunkel hat keine buchtigen Ränder und ist etwa dreimal so lang als breit, vor ihrem Kamme steht ein kurzes dickes Fühlerchen, kürzer und stumpfer als die Rückencirren. Aus der hinten vom fünften Segment begrenzten Mundöffnung ist bei einem Exemplar ein fast cylindrischer 5 Mill. langer, 4 Mill. dicker, nach vorn zugerundeter und hier sehr zart längsgestreifter Rüssel hervorgestreckt, dessen vordere Hälfte an der Unterseite 18 durchschimmernde, kurze, schwarze, breite Längsstreifen zeigt, welche lange nicht das Vorderende erreichen. Von den beiden Querreihen von Borsten ist die untere fast dreimal so schmal als die obere und der Zwischenraum zwischen beiden noch nicht so breit als die untere. Die Borsten sind hellblond, brüchig und gablig mit zwei Zinken von sehr ungleicher Länge, in der oberen Gruppe erreichen sie nicht die Länge wie in der unteren, sind dünner, ihre Zinken innen quer gekerbt, leicht divergirend und die kürzere derselben mitunter fast halb so lang als die andere; nur einige wenige oben am Anfange der Reihe stehende weichen in ihrer Beschaffenheit ab, und gleichen den unteren. Bei diesen sind die Spitzen der Zinken etwas gegen einander gekrümmt und die kurze Zinke merklich kürzer als bei jenen.

Die Kiemenstämmchen erstrecken sich in einer Querreihe von dem Anfang der oberen Borstengruppe bis an die untere, ja zuweilen bis vor deren Anfang und spalten sich sogleich in zwei Hauptäste, die in ihrer ganzen Länge mit kurzen, meist gabligen, wie ovale Bläschen angeschwollenen Zweigen besetzt sind, woher bei starker Contraction der Ast ein traubenförmiges Ansehen bekommen kann, bisweilen aber sind diese Anschwellungen auch nur unbedeutend oder werden ganz vermisst, namentlich an den Endausläufern. Jene Hauptäste der Stämmchen sind so gerichtet, dass der eine nach vorn, der andere nach hinten sieht. Die oberen Stämmchen sind reicher verzweigt und erreichen wohl das Ende der vor ihnen stehenden Borsten, die unteren werden einfacher, besonders die zwischen den beiden Borstenreihen befindlichen, so dass der unterste bisweilen nur einen an seiner Spitze tief eingekerbten Griffel vorstellt. Kinberg zählt 11 Kiemenstämmchen in einer Querreihe, was selbstverständlich nur von den breiteren gilt, da mit der gegen die Körperenden abnehmenden Breite der Reihen auch die Zahl der Stämmchen zu sinken pflegt; ich vermag nicht mehr als 9, sehr selten 10 zu erkennen, allein da Kinberg weder in der Charakteristik des Genus noch der Art selbst eines *Cirrus intermedius* erwähnt, so scheint er diesen zu den Kiemenstämmchen gerechnet zu haben und dann würde seine Angabe mit der von mir beobachteten höchsten Zahl übereinstimmen. Dafür aber, dass dieses Organ als *Cirrus* anzusehen sei, spricht, dass es nie getheilt, sondern mitten zwischen den zusammengesetzten Kiemen einfach und zugespitzt wie der am Anfang der oberen Borstenreihe stehende *Cirrus* erscheint, auch entspringt es ausserhalb der Reihe der Kiemen, den Borsten näher als diese. Die Kiemen überragen ihre Cirren. Den *Cirrus intermedius* dieser Art finde ich immer zwischen dem zweiten und dritten Kiemenstämmchen, nur an den vordersten beiden Segmenten (wo ihre Zahl bis auf 6 sinkt) zwischen dem ersten und zweiten.

Es liegen noch einige Exemplare einer *Euphrosyne* von St. Paul vor, die durch ihre viel dunklere bläulich graue Farbe von den bisher beschriebenen blassfleischfarbenen abstechen, kürzere Rückencirren auch viel dunklere Kiemen, und wie es anfänglich schien, auch weniger zahlreiche Stämmchen in einer Querreihe hatten. Allein es erwies sich, dass die letzteren nur theilweise sehr eng aneinander standen und zusammengeklebt waren, so namentlich an einem kleineren, blos 19 Mill. langen Exemplare, ich kann daher, da die übrigen Verhältnisse übereinstimmen, in ihnen nur eine dunklere Färbung derselben Art sehen.

Die Körpergestalt dieser Art ist übrigens viel gestreckter als bei *E. laureata* Sav., erinnert vielmehr an *E. myrtosa* Sav.

Nahe verwandt scheint die ebenfalls am Cap vorkommende, von Schmarda beschriebene *E. polybranchia*, bei welcher derselbe am neunten Segmente 12 Kiemenstämmchen zählte, eine Zahl, die, da keines *Cirrus intermedius* gedacht wird, auf Kosten desselben vielleicht um eines zu erniedrigen wäre, doch sind 12 Stämmchen abgebildet; sollte er hier gänzlich fehlen? Sie besitzt bei einer Länge von 44 Mill. und einer Breite von 12 Mill. nur 50 Segmente, ist also im Verhältniss merklich breiter. Ganz eigenthümlich ist die Gestalt der kürzeren und feineren

Dr. Ed. Grube.

Borsten, welche am unteren Rande der Kieme stehen; sie sehen durch einen queren, rechts und links von der Spitze abgehenden Fortsatz beinahe wie ein Spitzhammer aus, und diese Fortsätze sollen unter rechten Winkeln zusammenstossen und so eine Art Gitter bilden.

Gatt. AMPHINOME Brug. s. str.

A. PACIFICA Kinb.?

Eurythoë pacifica Kinberg, Öfvirsigt af k. Vetenskaps — Akad. Förhandl. XIV. 1857. p. 14.

Latius vermiformis, leviter depressa, segmentis 64 ad 78. Tentaculum impar ceteris aliquantum brevius et tenuius. Oculi anteriores posterioribus majores. Caruncula segmentis setigeris 3 affixa, oblonga, margine laterali lobato. Os usque ad segmentum 4-tum patens. Fasciculi setarum albidi, dorsuales ventralibus multo crassiores et longiores; setae illorum duplicis generis, alterae tenuissimae sub apice elongato gradus instar paulo dilatatae, alterae fortiores apice utrinque serrato, setae fasciculorum ventralium duplicis generis, alterae paucissimae, (saepius desideratae) cum tenuissimis dorsualium congruentes, alterae fortiores breviores, bifurcae, dente alterutro brevissimo. Cirri setis breviores, dorsualis ventrali longior. Branchiae cirro dorsuali multo breviores, ramis subquinis ex basi lata provenientibus, a radice bifurcis iterum bifurcatis, ramulis extremis gracilibus, in segmento setigero 1mo desideratae. Anus subdorsualis.

Fundorte: **Taïti** und die **Nikobaren.**

Es liegen nur zwei vollständige Exemplare dieser Art vor: das eine hat eine Länge von 61 Mill., eine Breite von 8 Mill. mit den Borsten, 6 Mill. ohne dieselben, eine Dicke von 3·5 Mill. und 63 borstentragende Segmente, das andere ist 110 Mill. lang, 8 Mill. mit und 6 Mill. ohne Borsten breit, 3·5 Mill. dick und hat 78 Ruder; ausserdem habe ich ein Vorderstück mit 47 Segmenten gefunden, das 125 Mill. lang und ohne Borsten 9 Mill. breit ist, und eines mit 39 Segmenten, das 75 Mill. Länge und 8 Mill. Breite hat, auch mehrere Hinterstücke, darunter eines von 120 Segmenten und 120 Mill. Länge, welche derselben Art anzugehören scheinen.

Jedenfalls muss man diese Amphinome zu der Gruppe der Eurythoën von Kinberg rechnen, und hat sie zunächst mit denen zu vergleichen, die vier Mundsegmente besitzen, und deren Karunkel nicht über das fünfte borstentragende Segment hinausreicht (wobei man berücksichtigen muss, dass Kinberg den vor dem Munde gelegenen, die vier Fühler tragenden Kopflappen schon als erstes, das erste borstentragende Segment als zweites Segment rechnet), mit *Pleïone alcyonia* Sav., *E. pacifica, capensis* und *kameameah* Kinb. Bei *Pl. alcyonia* soll die Karunkel einen Randumschlag (rebord) haben und das untere Borstenbündel ist fast ebenso lang und voll als das obere dargestellt, obschon es zweizinkige Borsten enthält, auch müssen alle dunkler sein (jaune brun); dass die oberen von zweierlei Art seien, ist nicht gesagt, letzteres würde von *Pl. aeolides* Sav. gelten, von der aber Länge der Karunkel und Mundbildung nicht angegeben sind. Bei *E. kameameah* und *capensis* ist die Karunkel oval und sackförmig, nicht wie bei unserer Art am Rande gelappt, reicht auch bei *E. kameameah* nur bis zum vierten borstentragenden Segment. Die oberen Borsten werden bei beiden *subbifidae* genannt, *levissime serratae*, doch gibt es bei *kameameah* auch lineare; bei unserer Art sind von den oberen Borsten die einen sehr zarten unterhalb der langen Spitze mit einem ganz unbedeutenden, doch immer bemerkbaren Absatz versehen, der einen stumpfen Winkel, aber durchaus keinen Zahn bildet, die anderen wohl dreimal so dicken aber viel kürzeren, zeigen längs beiden Seiten der Spitze eine Reihe von kurzen, mit der Spitze etwas nach dem Körper gerichteten Zähnen (wohl an 40), aber weder einen Absatz noch eine Zinke. Die Borsten zusammen bilden einen wahren Pinsel, während die unteren mehr wie ein dünnes Bündel von Stäbchen aussehen, und viel weniger vorragen, sie sind alle ungleich zweizinkig, doch treten öfters auch einige wenige dazwischen auf, die den haarfeinen mit einem Absatz versehenen des Rückenpinsels gleichen, aber leicht verloren zu gehen scheinen. Ähnlich ist die Beschaffenheit der Borsten bei *E. pacifica* Kinb., obwohl nicht gesagt ist, dass die haarförmigen unterhalb der Spitze einen Absatz haben. Bei einem besser erhaltenen Exemplar unserer Amphinome finde ich die vorderen Augen etwas grösser als die hinteren. (Dieses Umstandes ist bei *A. pacifica* nicht erwähnt, man müsste daher fast vermuthen, dass sie nichts auffallendes darbieten, also gleich gross sind.) So verhalten sich auch die Augen bei der ceylonischen *A. longicirra* Schm., deren Borsten übrigens vollkommen mit den von mir beschriebenen übereinstimmen, aber ihre Kiemen sollen nur sehr kurze Stämmchen mit 3 bis 4 Fäden darstellen, die Karunkel bis zum sechsten borstentragenden Segment gehen, die Rückencirren über die Borsten hinausreichen, während sie bei unserer Art mit ihrem freien Theil bis an das fünfte reicht und die Kiemen aus 5—6 einer gemeinsamen Basis entsprossenden Quasten mit zwei bis dreimal wiederholter Gabeltheilung ihrer Fäden bestehen, so dass man meist über 30 Endfädchen zählt; bei einigen Exemplaren sind diese schwärzlich. Der After liegt ziemlich oberwärts, wie bei *A. pacifica*. Die Karunkel zeigt an jedem Seitenrande 6 Läppchen und vorne eine ganz unbedeutende Einkerbung, Kinberg zählt 7 Seitenläppchen, und erwähnt auch eines Einschnittes bei *A. pacifica*, deren Kiemen als humiles ramis linearibus bezeichnet werden. Ich möchte daher unter den jetzigen Umständen unsere Amphinome von Taïti und den Nikobaren am ersten für *A. pacifica* halten, obschon ich von ihrer Identität mit derselben noch nicht vollständig überzeugt bin.

Gatt. EUNICE cuv.

E. GRACILIS G. var. ANTENNATAE Sav. (Taf. I, Fig. 2.)

Brevis vermiformis, gracilis, ex griseo carnea, leviter iricolor, segmentis 85 vel plus: anteriorum longitudine fere ¹⁄₂ latitudinis aequante. Lobus capitalis dimidio segmenti buccalis longior, fronte biloba, oculis rotundis 2. Tentacula articulata, apicem versus moniliformia, impar usque ad segmentum 4-tum patens, articulis 22 ad 25, media plus minus breviora articulis 11 ad 20, externa longitudine fere segmenti buccalis, articulis 11 ad 14. Segmentum buccale proxima 3 aequans, biannulatum; cirri tentaculares eo paulo breviores, at cirri dorsuales pinnarum et ani articulati, illi articulis longiusculis 9, dorsuales p. plerumque 5; cirri ani articulis 5 vel 4, cirri ventrales (extremis exceptis) brevissimi. Pinnae setis capillaribus et falcigeris paucis teneris munitae, falce longiuscula apice leviter bidente, aciculis pallidis 2- vel 3-nis, inferiore mediarum et posteriorum apice hamato bidente limbato. Branchiae tenerae pectiniformes, ad pinnam 5-tam incipientes, usque ad postremum patentes, radiis longis apicem versus sensim minoribus, cirro dorsuali longiores. 1-ma radiis 3, longissimae, circa 10-mam sitae, radiis 6 ad 12, usque ad medium dorsum pertinentes, posteriores fere a 30-ia radiis 3 (rarius 2), cirro dorsuali vix longiores.

Fundort: **Taïti.**

Ein vollständiges Exemplar mit 85 Segmenten hat eine Länge von 78 Mill., eine Breite von 2·5 Mill. (ohne die Ruder), dagegen mass bloss das vordere Stück eines anderen, dem noch ein gutes Theil zu fehlen schien und an dem ich 84 Segmente zählte, schon 80 Mill.

Unter den Euniceen mit Fühlercirren auf dem Mundsegment, kurz gegliederten Fühlern und zweilappigem Stirnrande würden vor allen *E. Harassii* Aud. & Edw. und *E. antennata* Sav.[1]) zur Vergleichung kommen. Jene besitzt auch gegliederte Fühler- und Rückencirren, während Savigny in seiner Beschreibung der *E. antennata* dieser Eigenthümlichkeit nicht erwähnt. Ziehen wir aber seine Abbildungen zu Rathe, so fallen uns zunächst die gegliederten Aftercirren auf (pl. V, Fig. 1 *f*), die er „filets noduleux" nennt, obschon ihre Glieder gestreckt sind, und an dem vergrössert dargestellten Kopftheil bei seitlicher Ansicht (Fig. 1 *e*) ein deutlich gegliederter Rückencirrus des ersten Ruders, sowie dreigliedrige Rückencirren an dem Durchschnitt eines der mittleren Segmente (Fig. 1 *g*), dagegen zeigt der Rückencirrus an einem der vorderen Ruder mit sechsfädiger Kieme nur einen gliedartig abgesetzten dickeren Basaltheil (Fig. 1 *i*) und an einem der hintersten Ruder eine ähnliche aber über die Mitte hinausgerückte Ringfurche, so dass man die Vorstellung gewinnt, diese Art müsse wenigstens keine scharf ausgeprägte Gliederung der Rückencirren besitzen; was aber die Fühlercirren betrifft, so sind sie in keiner Figur gegliedert abgebildet. Bei unserer *Eunice* von Taïti finde ich trotz der nicht vorzüglichen Erhaltung der Exemplare die Rückencirren überall gegliedert, die Glieder sind gestreckt, ihre Zahl meistens fünf, aber an den drei vordersten auch wohl sechs bis acht, und dasselbe gilt von den Fühlercirren, die bis neun Glieder besitzen, übrigens haben beiderlei Cirren gleiche Längenverhältnisse wie bei *E. antennata*: die Fühlercirren reichen bis fast an den Kopflappen, zurückgelegt bis auf das dritte Segment, und die Rückencirren sind etwas kürzer als die Kiemen. Ebenso stimmen die Zahlen der Fühlerglieder ziemlich mit den von Savigny angegebenen (22, 18, 12) überein, obschon auch beträchtliche Abweichungen nicht fehlen; so zähle ich an dem unpaaren Fühler eines Exemplares, der doch auch nur wie gewöhnlich bis an das vierte Segment reicht, 32, an den mittleren, hier viel (sonst wenig) kürzeren, 13, und an den fast ebenso langen äusseren 14 Glieder. Die Glieder sind nach Savigny's Beschreibung und Abbildung durchweg kreiselförmig, d. h. konisch, nach unten verschmälert, ich finde bei unserer *Eunice* dieselben in dem obersten Drittheil kuglig, weiter hinab breiter, zuletzt ganz scheibenförmig, und bemerke überdies, dass die Fühler beständig viel stärker als die zarten Fühlercirren sind. Die Baucheirren stellen mit Ausnahme der hinteren und einiger vorderster (kiemenloser) Ruder, wo sie etwas länger sind, kurze Stummel dar, während sie Savigny „surtout plus saillans, presque filiformes dans la partie postérieure du corps" beschreibt, doch aber verhältnissmässig länger an einem vorderen kiementragenden Ruder als an den folgenden abbildet. Viel besser passt alles, was Savigny von den Kiemen sagt, auf unsere *Eunice*, obgleich an den entwickeltsten derselben öfters nur sechs, zuweilen aber auch wohl 11—12 Kammzähne vorkommen. Abgesehen davon, dass die Nadeln gelb und das Anhängsel der unteren Borsten kurz genannt werden, fehlt eine nähere Angabe über diese Theile von Savigny.

Nachdem ich Gelegenheit gehabt, mehrere Exemplare einer *Eunice* aus dem Rothen Meere zu untersuchen, über deren Identität mit *E. antennata* bei mir kein Zweifel walten kann, und

---

[1]) Système des Annélides p. 50, pl. V, fig. 1.

bei einzelnen derselben eine wenn auch weniger deutliche Gliederung sowohl an den Fühler-
als auch an den Rückencirren, bei keinem aber so ausgeprägt kreiselförmige Glieder an den
Fühlern, wie Savigny abbildet, vielmehr eine der obigen Beschreibung entsprechende oder
sogar eine plumpere Gliederung wahrgenommen, kann ich die vorliegende Eunicea-Form von
Taïti nur für eine Varietät der *E. antennata* halten. Bemerken will ich noch, dass die beiden
Kiemen desselben Segmentes öfters eine verschiedene Zahl von Fäden zeigen, dass sich einzelne
Fäden an der Spitze theilen können, an einem Exemplar sogar der rechte Fühlercirrus vom
Grund aus gablig ist, und auch die Zahl der Kerben an den Kieferschneiden auf der einen
Seite geringer als auf der andern sein kann. Die in einen zweizähnigen gesäumten Haken aus-
laufende Acicula habe ich auch bei den Exemplaren aus dem Rothen Meere gefunden, sie
scheint aber überhaupt erst an den mittleren und hinteren Rudern aufzutreten. Die Aftercirren
waren bei den Euniceen des Rothen Meeres viel länger als bei den taïtischen, langgliedrig, und
zeigten zuweilen noch mehr als sechs Glieder.

Von den Kiefern dieser *Eunice* kann ich noch hinzufügen, dass die unteren nicht gegen
einander beweglichen (die sog. Unterlippe) kalkig waren und einen Vorderrand mit vier Kerb-
zähnen, und von den oberen das zweite ladenförmige Paar an seiner Schneide vier Kerbzähne
hatte, das dritte, halbzirkelartig gekrümmte, zeigte viel zahlreichere und feinere Kerben (der
linke Kiefer dieses Paares war in zwei zerfallen) und das vierte Paar (ganz winzige Plättchen)
war glattrandig.

E. FRAUENFELDI Gr. (Taf. I, Fig. 3.)

*Brevius vermiformis, satis fortis, ex flavido carnea, lacte tricolor, segmentis
plus 77, sensim angustioribus. Lobus capitalis segmento buccali haud ita brevior,
fronte biloba, oculis rotundis 2. Tentacula satis crassa, apicem versus distinctius
articulata, media fere usque ad segmentum 3-ium pertinentia, articulis 5, externa
longitudine segmenti buccalis, articulis fere 7. Segmentum buccale biannulum,
proxima 3 aequans; cirri tentaculares eo paulo breviores ut dorsuales pinnarum
haud articulati. Hi longitudine sensim decrescentes, anteriores cirros tentaculares
aequantes, postremi dimidio breviores, cirri ventrales brevissimi, posteriores
paulo longiores. Setae capillares tenerrimae ad 12-nas, scalpratae pectiniformes 3-nae, falcigerae multo crassiores ad 3-nas, aciculae nigrae, 3-nae vel
2-nae superiores, 1 vel 2-nae inferiores, illae apice recto, hae in pinnis posterioribus
hamato bidente limbato. Branchiae ad pinnam 7-mam incipientes, breves, lineam
dorsi mediam nusquam attingentes, summum 3-files, cirrum dorsualem aequantes vel
paulo longiores, anteriores 2 vel 4 et posteriores inde a 33-ia bifidae.*

Fundort: **St. Paul.**

Nur ein Exemplar, und dieses nicht vollständig, doch fehlten wohl nur noch wenige
Segmente. Länge des vorhandenen stark eingekrümmten Stückes etwa 55 Mill., grösste Breite
mit den Rudern 5 Mill., ohne sie 3·5 Mill.

Diese *Eunice* mit zweilappiger Stirn schliesst sich an die ebenfalls mit Fühlercirren versehenen Arten, welche nur wenig entwickelte, höchstens vierfädige Kiemen besitzen, wie *E.
depressa, capensis* u. a., doch treten sie bei diesen erst am 23ten, 30ten oder einem noch weiter
nach hinten gelegenen, bei unserer Art aber schon am 8ten Segment (siebenten Ruder) auf.

Die beiden ersten Segmente haben zwei, die nächsten 24 mit einzelnen Ausnahmen drei, die übrigen wiederum zwei Fäden von fast gleicher Länge, so dass sie wie kleine Quasten aussehen. Die Fäden sind stark, nur wenig dünner, doch etwas länger oder auch nur ebenso lang als der ungegliederte Rückencirrus, der den Rand des Ruders merklich überragt, während der Bauchcirrus nur wenig oder gar nicht länger als dieser ist; die hinteren Bauchcirren sind die längeren und sitzen nicht mehr auf einem Polster, wie die vorderen etwa bis zum 40ten. Die Haarborsten sind äusserst zart, ungesäumt, der Stiel der Sichelborsten noch einmal so stark, die Sichel kurz mit zweizähniger Spitze und gesäumt, von jenen zähle ich im 27ten Ruder 12, von diesen 8, ausserdem noch 3 sehr zarte abgestutzte und kammartig eingeschnittene Spatelborsten, und überall 3—4 schwarze Nadeln, von denen die untere oder die beiden unteren der hinteren Ruder in einen zweizähnigen gesäumten Haken enden. Von den Fühlern des Kopflappens, der an Länge hinter dem Mundsegment nur wenig zurückbleibt, ist der unpaarige leider fast ganz abgerissen, der mittlere und äussere nur auf der linken Seite vollständig, jener etwa 2·9 Mill. lang, bis zum dritten Segment reichend, dieser 2 Mill. lang, beide gegen die Spitze hin deutlicher gegliedert, diese Glieder länglich, etwa zweimal so lang als breit. Die Augen sind jetzt ganz blass; die Fühlercirren ungegliedert, nicht ganz so lang als das Mundsegment, dünner als die Fühler, von der Länge und Dicke des ersten Rückencirrus. Von den Kiefern war blos die sogenannte Unterlippe zu sehen und die vorragenden Stücke derselben ganz kalkig, mit nicht gekerbtem Vorderrande. Die vorderen Segmente finde ich etwas über fünfmal, die hinteren viermal so breit als lang, wobei ihre absolute Breite etwas abnimmt. Die gelbliche Farbe, in welchen das Perlgrau des Grundtones bei dieser Art hinüberspielte, ist allmälig geschwunden, das Farbenspiel mässig lebhaft.

Gatt. LYSIDICE Sav

L. CAPENSIS Gr. (Taf. I, Fig. 4.)

Brevius vermiformis, brunnea quasi albido vittata, anteriora versus dilatata segmentis 110 brevissimis, longitudine anteriorum fere ¹/₉, mediorum ¹/₆, posteriorum (per se longiorum et angustiorum) fere ¹/₅ latitudinis aequante. Lobus capitalis paene alterum tantum latior quam longus, fronte distincte biloba. Tentacula obtusa, haud articulata: impar crassum usque ad frontis incisuram pertinens, lateralia paulo breviora, minus crassa. Oculi lunati. Segmentum buccale biannulam, annulo anteriore paulo longiore, lobo capitali brevius, segmentis proximis 2 longius. Labium inferius, quod dicunt, corneum, flexile. Cirri albidi, dorsualis pinnarum anteriorum pharetram paulo excedens, posteriorum per se brevior, haud ita prominens, cirrus ventralis brevissimus, toro ventrali insidens, mamillaeformis. Setae capillares 8-nae ad 12-nas, pinnarum posteriorum 5-nae ad 7-nas; falcigerae 10-nae ad 12-nas, posteriorum 2- vel 3-nae, aciculae nigrae, anteriorum 1-na tantum apice recto, posteriorum 2, inferior apice hamato bidente, brevior et tenuior. Segmentum postremum in cirros utrinque 2 breves exiens.

Fundort: **Die Kalkbay am Cap.**

Nur ein Exemplar. Länge 21 Mill., grösste Breite mit den Rudern 2 Mill. (ohne sie etwa 1·9 Mill.), an den hinteren Segmenten 1·2 Mill.

Die zweilappige Stirn und die ungegliederten Fühler würden diese Lysidice in die Nähe von *L. Ninetta, punctata, brachycera* verweisen, letztere soll kammzähnige Spatelborsten und Fühler besitzen, die länger als der Kopflappen sind; Spatelborsten habe ich an den untersuchten drei Ruderchen unserer Art nicht bemerkt, und die Fühler ragen nicht über den Stirnrand hinaus. Bei *L. punctata*, deren weissgetüpfelte Zeichnung freilich im Weingeist verloren geht, finde ich die Segmente im Verhältniss weniger breit, die vorderen etwa nur sechs- bis viermal so breit als lang, das Mundsegment länger, fast so lang als den Kopflappen, den Rückencirrus entschieden weiter vorragend, den Stirnrand weniger tief eingekerbt, auch deutlich zweitheilig, wie die Mittelfurche der Unterseite beweist, die Fühler merklich kürzer und zugespitzt. Bei *C. Ninetta*, die ich aus eigener Anschauung nicht kenne, scheinen sich ähnliche Verhältnisse zu wiederholen, die vorderen Segmente sehen noch gestreckter aus (vielleicht weil sie nicht in der Contraction gezeichnet sind), und die Fühler sitzen an dem convexen Vorderrand eines sehr bestimmt umgrenzten stumpfdreieckigen Feldchens, so dass der unpaare weiter nach vorne als die anderen entspringt, der Rückencirrus ist länger und entspringt weiter nach innen. Sie besitzt auf eine Länge von 5 Zoll nur etwa 160 Segmente. Schliesslich bemerke ich, dass die Nackentasche des Mundsegmentes, welche ich bei allen Lysidicen gefunden habe, und deren Eingang eine Querspalte hinter dem Kopflappen ist, auch bei *L. capensis* nicht fehlt.

Gatt. LUMBRICONEREIS BLV.

L. CAVIFRONS Gr. (Taf. 1, Fig. 5.)

Vermiformis, ex rubido carnea pallidius margaritaceo cingulata, splendore coeruleo, segmentis plus 78, latitudine anteriorum longitudinem 3-plam, posteriorum per se angustiorum 2-plam aequante. Lobus capitalis late ovalis paene orbiculatus, longitudine segmentorum proximorum 2 junctorum, fronte subtruncata, supra ut subtus medio per longitudinem manifesto excavatus, subtus tuberculis 2, ad labium superius pertinentibus. Segmentum buccale biannulum, proxima paulo longius. Maxillae paris 4-ti simplices, 3-ii bidentes, 4-ti dentibus fere 7 armatae. Pinnae latitudinis ventris aequantes, postremae ratione corporis habita latiores; labium posterius digitiforme. Setae paucae, pinnarum anteriorum capillares 3-nae, curratae, anguste limbatae, uncinatae 3-nae, posteriorum inde a 28-ma solae uncinatae 5-nae ad 3-nas characformes, limbatae, apice bidente.

Fundort: **Die Kalkbay am Cap.**

Von den beiden mitgebrachten Exemplaren ist zwar das eine, welches 53 Segmente besitzt, vollständig, aber sein Hinterende eben reproducirt, so dass die Zahl derselben wohl erheblich grösser werden wird — es misst nur 16 Mill. bei einer Breite von 1 Mill. —, das andere hinten verstümmelte hat eine Länge von 33 Mill. und eine Breite von 1·5 Mill. (ohne Ruder) und 78 Segmente.

Beide zeigen eine sonst bei den Lumbriconereis noch nicht beobachtete Form des Kopflappens, indem derselbe sowohl auf der Ober- als auf der Unterseite der Länge nach breit rinnenförmig ausgehöhlt ist, so dass der vordere Stirnrand, der zugleich merklich abgestutzt ist, keilförmig zugeschärft aussieht, die Seitentheile des Kopflappens aber wie zwei Längswülste erscheinen. Augen und Fühler fehlen. Das zweite Segment wird etwas breiter als das

erste, dieses aber kaum breiter als der Kopflappen: die Ruder bleiben sich an absoluter Länge
ziemlich gleich, doch sind die hinteren des grossen Exemplares, da die Segmente hier schmäler
werden, im Verhältniss länger, indem sie fast der halben Bauchbreite gleichkommen. Von oben
gesehen, sind die Enden der Ruder ähnlich wie bei *L. Nardonis*, von der Seite gesehen erscheinen sie jedoch etwas niedriger; die fingerförmige Hinterlippe hat ziemlich die ganze Länge
des Borstenköchers, und ist fast drehrund, bei jener Art ist sie dagegen seitlich gesehen, blatt-
artig breit nach der Spitze verschmälert, der Borstenköcher an sich länger und auch länger als
sie, auch ist dort die Zahl der Borsten etwas grösser, und es kommen an den vorderen Rudern
auch Sichelborsten vor, während solche bei *L. carifrons* fehlen. Das Endsegment läuft in zwei
obere und zwei untere kurze dicke stumpfe Blättchen aus. Die Färbung ist viel dunkler, aus
dem Fleischrothen in's Graubraune übergehend, die vorherrschende Farbe bei dem Irisiren ein
schönes Blau, und an jedem Segment die vordere Hälfte weisslich und gürtelförmig verdickt,
doch so, dass das Ruderchen selbst wie aus einer Vertiefung hervortritt.

L. JACKSONI Kinb. (Taf. I. Fig. 6.)

*Longius vermiformis ex griseo carnea, splendore margaritaceo, segmentis 147,
usque ad 16-tum fere latitudine sensim crescentibus, inde usque ad 51-mum aeque
latis, a 51-mo sensim attenuatis, anterioribus 38 plus triplo latioribus quam longis,
ceteris (ora continentibus) per se longioribus, laxioribus, dupla longitudine anteriorum
vel majore, postremo utrinque in lobulos 2 aeque breves obtusos exeunte. Lobus
capitalis semiovalis, vix longior quam latus, longitudine segmentorum proximorum
2 junctorum, subtus tuberculis 2, ad labium superius pertinentibus. Segmentum
buccale eo paulo latius, ex annulis 2 paene aequalibus compositum, dupla segmenti
proximi longitudine paulo brevius. Maxillae paris 4-ti simplices, 3-tii bidentes,
2-di quadridentes. Pinnae anteriores ⅛ fere latitudinis corporis aequantes, mediae
per se paulo minores, postremae iterum longitudine crescentes; labium posticum
breviter digitiforme, crassa pharetra ipsa vix longius. Setae paucae, pinnarum 53
anteriorum et capillares leviter sinuatae, anguste limbatae (5-nae ad 2-nas vel 1-na)
et in uncinum exeuntes, hae in pinnis 15 anterioribus compositae i. e. falcigerae (3-nae
vel 2-nae), in ceteris 42 simplices (3-nae), pinnarum posteriorum solae uncinatae,
limbatae, rostro simplici (3-nae).*

Fundort: **Sidney.**

Nur ein Exemplar, Länge 125 Mill., Breite am 14. Segment mit den Rudern 2·5 Mill.,
ohne sie 2·25 Mill. Obwohl Kinberg nicht erwähnt, dass die Hakenborsten der vorderen
Ruder nicht den Anschein von Sichelborsten haben, kann ich doch an der Identität der vorliegenden *Lumbriconereis* mit *L. Jacksoni* Kinb. kaum zweifeln.

Wenn man *L. coccinea* [1]), *Nardonis* und *Jacksonii* neben einander sieht, ist der Unter-
schied in der Form des Kopflappens und der Ruder merklich genug, in der Beschreibung ist
er schwerer auszudrücken. Ersteren finde ich bei *L. coccinea* halbkreisförmig, bei *L. Nardonis*
bauchig konisch, und bei unserer Art zwischen beiden die Mitte haltend, überall an der Basis

---

[1] *Nereis coccinea* Renieri, Osservaz. postume p. 29, tab. X.

etwas eingeschnürt. Die fingerförmige Hinterlippe der Ruder ist bei *C. Jacksoni* am kürzesten und dicksten, nur so lang als der Köcher für die Borsten selber und am Ende nicht verjüngt, der Köcher am kürzesten unter diesen drei Arten, wogegen sich derselbe an den hinteren Rudern von *L. coccinea* auffallend verlängert und dann noch einmal so lang als die Lippe wird, die sich bei dieser Art seitlich gesehen, überall gegen die Spitze hin etwas verdünnt. Die Sichelborsten der 15 vordersten Segmente scheinen keinen vollständig abgetrennten Sichel-anhang zu haben, wenigstens liegt sein schräger Unterrand überall dem entsprechenden Ober-rande des Stieles dicht an, nirgends erscheint der Anhang nickend, d. h. hinterwärts über-gebogen wie häufig bei anderen Anneliden. Der Leib verjüngt sich bei *L. Jacksoni* vom 16. Segment an zusehends gegen den Kopflappen hin, während bei *L. Nardonis* nur die zwei vordersten Segmente sich verschmälern, und bei *L. coccinea* im Gegentheil der Leib nach vorne hin etwas dicker wird. Die Endanhänge des letzten Segmentes sind bei *L. Jacksoni* kürzer, ähnlich wie bei der vorigen Art, bei *L. Nardonis* länger, cirrenförmig. Augen und Fühler fehlen auch dieser Species, welche durch die helle Farbe und das beim Irisiren vorherrschende Grün gegen *L. carifrons* sehr absticht und am meisten an *L. Nardonis* erinnert. *L. mirabilis* K h g. unserer Art ebenfalls ähnlich und im Besitze einfacher und zusammengesetzter Borsten, soll Kiefer des dritten Paares mit einfacher Spitze haben, bei dem vorliegenden Exemplare ist ihre Spitze entschieden gespalten.

Gatt. NEREIS L. s. str.

N. LANGUIDA Gr. (Taf. II, Fig. 1.)

Ex fulvescente carnea, minus iricolor lateribus pinnisque albicantibus, hand rariegatis, segmentis plus 75, quadruplo fere latioribus quam longis. Lobus capitalis segmentis proximis 2 junctis vix longior, parte frontali a posteriore satis separata, excavata. Segmentum buccale proximo vix longius, subtus subtiliter in longitudinem striatum; cirri tentaculares breves, longissimus tentacula frontalia satis excedens, usque ad segmentum 4-tum pertinens. Maxillae nigrae, obtusae, bre-viores, edentulae; pharyngis exsertilis annulus anterior supra utrinque area lineari cornea transverso longiore, medio interrupto, granisque 3 trianguli instar inter arcus positis, subtus cingulo granorum duplici, hic illic quadruplici instructus, poste-rior supra utrinque acervulo granulorum 1 granoque medio, subtus acervis trans-versis 3 paene vittam componentibus armatus. Pinnae concolores dorso recto, lin-gula superiore et media aeque fere cum pharetra inferiore prominentibus, haece vix minus altis triangulis, lingula inferiore minus prominente, quasi digitiformi; cirrus dorsalis ubique longitudinem lingulae superioris, e, ventralis plerumque inferioris aequans. Appendix setarum falcigerarum paulo elongata.

Fundort: **Vancauri.**

Das einzige vorhandene Exemplar ist hinten defect und hat bei einer Länge von 38·5 Mill. und einer Breite von 1·5 Mill. (mit den Rudern) 75 Segmente, von denen die letzten zugleich gestreckteren schon sehr viel schmäler werden, so dass nicht mehr viele zu fehlen scheinen.

Die vorliegende Nereis gehört, falls nicht die hintersten diesem Exemplar fehlenden Ruder einen sehr abweichenden Bau haben sollten, was mir nicht wahrscheinlich ist, zu denjenigen, deren Rückencirrus weder das oberste Züngelchen merklich überragt, noch merklich kürzer als dasselbe ist, deren oberer Ruderrand keinen Buckel zeigt und deren Züngelchen durchweg nicht gestreckt sind und ziemlich gleichweit vorragen. Dahin gehören: *N. maculata* Schm., *N. rallata* Gr., und annähernd auch *N. cultrifera* Gr., *N. Iris* Stimps., *N. succinea* Leuck., *N. diversicolor* Müll. Bei allen diesen erreichen auch die Fühlercirren keine ansehnlichere Länge. bei unserer Art reichen die längsten zurückgelegt bis ans vierte Segment, ragen über die Stirnfühler hinaus, sind also wohl etwas länger als bei *N. maculata*. fast eben so lang als bei *N. rallata* aber kürzer als bei den übrigen Arten. Eine genauere Vergleichung mit diesen Arten ist wegen der z. Th. mangelhaften Beschreibungen nicht möglich. namentlich kennt man nicht von allen die Beschaffenheit des Rüssels und wie die Kieferspitzchen (grana maxillaria) auf ihm gruppirt sind. Auch bei unserem Exemplare war derselbe nicht vorgestülpt, doch habe ich ihn, nachdem ich durch einen Einschnitt mir sein Inneres zugänglich gemacht, oben so beschrieben, als wenn er zu Tage getreten wäre. Das auffallende daran ist das Vorhandensein eines langen, aber linearen ganz zarten hornigen quergestellten, mitten unterbrochenen Bogens jederseits auf der Oberseite des hinteren Rüsselwulstes, wie er mir sonst nie begegnet ist, andere Arten zeigen an eben dieser Stelle eine einfache Querreihe von Hornspitzchen: zwischen den beiden Bogen stehen drei Kieferpunkte in einem Dreieck, auf der Unterseite ein Gürtel von einer meist zweifachen Reihe von ähnlichen. Auf der Oberseite des hinteren Rüsselwulstes bemerke ich mitten einen einzelnen schwachen Punkt, rechts und links davon eine quere bogenförmige Gruppe von drei Reihen Kieferspitzchen, an der Unterseite drei wenig von einander getrennte Gruppen von noch mehr Reihen, einen grossen Gürtel bildend: alle Kieferspitzchen dieses Wulstes sind kleiner aber schwärzer als die ersten beschriebenen. Die Kiefer selbst sind schwarz, wenig gekrümmt und ihre Schneide zahnlos Die Stirnhälfte des Kopflappens ist oben merklich ausgehöhlt, die dicken seitlichen Fühler sehr zusammengedrückt; es fragt sich aber, ob beides nicht zufällig so stark hervortritt. Die Augen haben eine Pupille, die vorderen sind schräg nach vorne und aussen, die hinteren schräg nach hinten und aussen gerichtet, und stehen kaum weiter als jene auseinander. Der Rückencirrus sitzt in der Mitte zwischen der Basis des Ruders und der Spitze des oberen Züngelchens, und ragt so weit als dieses vor, das mittlere bildet wie jenes ein gleichschenkliges Dreieck und ist eben so lang, beide auch fast eben so hoch als der untere Borstenköcher. das untere hingegen, seitlich betrachtet, nicht sowohl dreieckig als stumpf fingerförmig, minder lang und hoch: mit ihm schneidet meistens der Bauchcirrus ab, die Züngelchen divergiren wenig und die untere Ruderhälfte ist von der oberen nur durch einen kleinen Ausschnitt abgesetzt. An den Borsten bemerke ich nichts Auffallendes. Die Färbung ist blass fleischfarben, mit einem etwas dunkleren vertieften Querstrich auf dem Rücken der vordersten Segmente. die Seitentheile des Leibes und die Ruder entschieden weisslich, Glanz und Farbenspiel kaum vorn bemerkbar.

N. PAULINA Gr. (Taf. 1. Fig. 7.)

Brevius vermiformis, ex carneo brunnea, linea dorsi longitudinali albida, tentaculis frontalibus cirris tentacularibus antique albis, pinnis albis dorso puncta 2 brunnea ferentibus, segmentis 57, quadruplo fere latioribus quam longis. Lobus capitalis ¹/₃ fere latitudinis segmenti buccalis aequans, eo dimidio longior, parte posteriore minus dilatata, oculis haud ita magnis, nigris, anterioribus a latere spectantibus, inter se paulo magis distantibus, posteriores paene tangentibus. Tentacula lateralia apicem frontalium vix attingentia, articulo basali frontem excedente. **Segmentum** **bu c c ale** *proximo vix longius:* **cirrorum tentacularium longissimus** *usque ad segmentum 6-tum vel 8-um patens.* **Maxillae** *acutae, dentibus 6 serratae,* **pharyngis exsertilis** *annulus anterior subtus utrinque scutebus transversis brevibus granulorum minimorum 3 vel 4 armatus, pharynx ceterum inermis.* **Pinnae,** *anterioribus aliquot exceptis, dimidiam corporis latitudinem adaequantes vel superantes, margine dorsuali convexo.* **Cirrus dorsualis** *ubique dupla lingulae superioris longitudine, haec aeque longa ac* **media,** *sed altior, distinctius triangula,* **pharetra** *setarum* **inferior** *multo altior,* **lingula inferior** *ea magis, minus quam media prominens.* **Appendix** *setarum falcigerarum brevis.* **Cirri anni** *longitudine segmentorum postremorum 12.*

Fundort: **St. Paul.**

Nur ein Exemplar, Länge 17 Mill., grösste Breite mit den Rudern 2·5 Mill., ohne sie 1·4 Mill.

Da der Rückencirrus vom Anfange an die obere Lingula des Ruders überragt und die längsten Fühlercirren schon eine ansehnlichere Länge haben, ist diese Species wohl zunächst mit *N. Costae* Gr., *imbecillis* Gr., *pelagica* L., *rigida* Gr. Örstd., *Risei* Gr. Örstd., *puncturata* Gr. Örstd. zu vergleichen, von welchen letzteren beiden die Beschaffenheit des Rüssels nicht bekannt ist. Bei unserer Art ist derselbe sehr schwach bewaffnet, und trägt, soweit ich bei dem Aufschneiden des zurückgezogenen Organes erkennen konnte, nur auf der Unterseite des beim Hervorstülpen vorderen Wulstes zwei seitliche Gruppen von Kieferspitzchen, bei *N. Costae* zeigen sich letztere zwar auch nur auf dem vorderen Wulst, sind aber rings um die Kiefer in fünf Gruppen vertheilt, bei *N. imbecillis* ebenda in drei Gruppen und sehr schwach ausgeprägt; die beiden anderen Arten tragen auf beiden Rüsselwülsten oben und unten Bewaffnung. Gerade bei jenen *(N. pelagica* und *N. rigida)* stimmt die Beschaffenheit des Ruders mit unserer Art ziemlich überein, doch hat diese entschieden längere Rückencirren, was auch gegenüber den anderen gilt. Die von Sch m ar d a beschriebenen *Mastigonereis* wiederum besitzen zwar längere Rückencirren, aber ihre hinteren Ruder sind meist abweichend von den vorderen, und dann von den Rudern unserer Art verschieden gebaut. *M. quadridentata* Schm. zeigt der Beschreibung nach eine Verschiedenheit in den vorderen und hinteren Rudern, und ihr Bau ist ähnlich wie bei *N. Paulina,* aber der Rückencirrus dreimal so lang als das obere Züngelchen, wie aus der Abbildung (Fig. 251) hervorgeht, die Augen ungewöhnlich nahe (zu einem Quadrat) zusammengerückt. Bei unserer Art stehen sie in einem quergezogenen Viereck, wenn dieses bei der Schmalheit der hinteren Hälfte des Kopflappens auch nicht so breit als bei anderen Arten ist. Eine Pupille kann ich an ihnen nicht bemerken. Der grätenförmige Anhang der zusammengesetzten Borsten ist nicht auffallend gebildet, der sichelförmige aber kürzer als bei der vorigen und vielen anderen Arten. Auch die entschieden braune Farbe des Rückens, namentlich am Vordertheil, wird zur Erkennung der *N. Paulina* unter mancher ihrer Verwandten beitragen, dunklere Flecke auf dem Rücken des Ruders sind zwar erkennbar, aber klein und schwach gefärbt, einer oder zwei unmittelbar neben dem Rückencirrus und einer mehr gegen die Basis des Ruders hin, letzterer fehlt zuweilen. Schliesslich muss ich noch bemerken, dass der Bauchcirrus kaum halb so lang als der Rückencirrus ist, und eben so weit oder fast eben so weit als das untere den anderen an Länge etwas nachstehende Züngelchen vorragt.

---

[1] Annulata Ørstediana Naturhist. Foren. Vidensk. Meddelelser. 1857.

X. (NEREILEPAS) STIMPSONIS (an var. VARIEGATAE Gr. Kr.?) Taf. I. Fig. 8.

Vermiformis, ex griseo cuprea, segmentis 93. Lobus capitalis longitudine segmenti buccalis; oculi posteriores anterioribus neque ita minus distantes neque majores, tentacula frontalia fere usque ad articulum 2-dum lateralium pertinentia. Segmentum buccale proximo longius: cirri tentaculares breves, longissimus usque ad apicem tentaculorum lateralium vel ad segmentum 3-ium pertinens. Pharyngis exsertilis annulus anterior granulis corneis minoribus ornatus, lateralibus supra acervum oblongum, subtus elongatum majorem componentibus, grano singulo rotundo majore illis, acervo transverso his interjecto, annulus posterior supra granis 3 maximis valde distentis, triangulum valde obtusangulum vel lineam componentibus, subtus vitta duplici fortium plerumque alternantium armatus: maxillae fuscae, vix tortae latae, minus acuminatae, crenulis aviei obtusis 6. Pinnarum lingulae crassae, obtusae, l. media anteriorum superiore paulo minus, inferiore magis prominens, cirrus dorsualis initio vix dupla tum tripla fere superioris longitudine; pinnae posteriores (fere a 46-ta) ab illis discrepantes: lingula superior cum parte pinnae adjacente sursum spectans, latitudine et longitudine sensim crescens, vexillum supra attenuatum referens, ceterae brevius digitiformes. cirrus dorsualis margini superiori truncato vexilli affixus, sensim vexillo brevior, semper distinguendus; labium pharetrae inferioris lingula inferiore ubique paulo magis, cirrus ventralis minus prominens. Setae spinigerae tenerae, falcigerae fuscae, falce brevissima, spinigeris multo fortiores. Cirri ani longitudine segmentorum proximorum brevissimorum 6.

Vom Cap.

Das vorliegende Exemplar hat eine Länge von beinahe 93 Mill., eine vordere Breite von 8 Mill. mit den Rudern (ohne Borsten), 6 Mill. ohne dieselben, während im hintern Körpertheile die Breite mit den Rudern an 7 Mill., ohne sie 4 Mill. beträgt. Auf die Ähnlichkeit dieser *Nereis* mit der auch am Cap vorkommenden *N. mendax* Stimps.[1], soweit seine blosse Beschreibung (ohne Abbildung) eine Vergleichung zulässt, habe ich schon früher hingewiesen[2]; was mich an der Identität beider zweifeln liess, war ausser der Färbung (Colour variable, pale red or brownish, often farinaceous posteriorly always with a dorsal line of flake-white and a white spot between the eyes), der Umstand, dass Stimpson an den vordern Rudern zugespitzte Züngelchen (pointed lingulae) beschreibt, während ich sie stumpf finde, und von den hinteren angibt, dass die obere Lingula ihren Cirrus verliert und sich in ein breites Blatt (broad lamella) ausdehnt, während ich den Rückencirrus auch hier deutlich abgesetzt finde. Er sagt ferner, dass die Augen sehr deutlich oder ansehnlich (conspicuous) und die hinteren die grössten und einander am meisten genäherten sind, während ich die Augen nicht sehr hervortretend, noch weniger etwa ansehnlich finde und die hinteren einander wenig näher als die vorderen stehen. Die Beschaffenheit des Rüssels von *N. mendax* ist nicht bekannt. Ausser dieser Art gibt es aber

---

[1] Descriptions of some marine Invertebrata Proc. of the Acad. Juli 1855.
[2] Verhandl. d. zool.-bot. Gesellsch. in Wien 1866

noch eine *Nereilepas*, deren grosse Ähnlichkeit mit der hier beschriebenen ich je länger je mehr anerkennen muss, ich meine die von Kroyer bei Callao und Valparaiso gefundene *N. variegata*[1]), die wenn sie ausgefärbt ist, allerdings durch ihre drei Reihen grosser dunkelbrauner brettspielartig gestellter Flecken auf hellfleischfarbenem Grunde ein sehr verschiedenes Ansehen zeigt, allein ich habe auch kleinere Exemplare derselben zu sehen bekommen, bei welchen jenes Muster gänzlich verschwunden und die Farbe ganz bleich war. Nur der Kopflappen war dunkelgraulich fleischfarben, mit einem weisslichen Längsstreif in der Mitte. Die Rüsselbewaffnung weicht nur darin ab, dass die Hornspitzchen, die den zweireihigen Gürtel an der Unterfläche des hinteren Wulstes bilden, etwas zahlreicher und kleiner, die Kiefer schärfer gezähnt sind. Kopflappen und Fühlercirren zeigen nichts abweichendes, die Ruder aber darin eine Verschiedenheit, dass in den vorderen der Rückencirrus merklich länger, wohl bis viermal so weit als das stumpfe obere Züngelchen vorragt, dass an den hinteren die Fähnchen, welche denselben tragen, einen fast spitzeiförmigen oder birnförmigen Umriss bekommen, dessen Spitze ohne Absatz in den Rückencirrus übergeht, und dass diese Ruder fast so lang werden, als der nach hinten merklich stärker verschmälerte Leib hier breit ist. Die Sichelanhänge der unteren Borsten sind bei dem vorliegenden Exemplare von *N. Stimpsonis* meistens verloren gegangen, ein paar, die ich noch vorfand, waren wie bei *N. variegata* sehr kurz, gleichschenklig, dreieckig mit stark ausgehöhlter Schneide.

Ich muss endlich bemerken, dass ich ein kleines Exemplar einer *Nereis* (von 50 Millim. Länge) angeblich vom Cap aus dem Hamburger Museum untersucht habe, welches in der Form der Ruder mit *N. variegata*, sonst mit beiden übereinstimmt, und nur 19 Kieferspitzchen in dem Gürtel des hinteren Rüssels hat (während das grosse von *N. Stimpsonis* deren 28 besitzt), aber mit Ausnahme des braunen mit einem weisslichen Längsstreif versehenen Kopflappens ebenfalls wie manche *N. variegata* fast farblos ist, so dass ich der Wahrheit am nächsten zu kommen glaube, wenn ich meine *N. Stimpsonis* als eine vorzüglich nur in der Ruderbildung von *N. variegata* abweichende Form betrachte; Angaben, ob diese letztere Art eine sehr weite Verbreitung hat, fehlen bis jetzt. Sehr wahrscheinlich ist mir, dass auch *N. mendax* Stimp. hieher gehört, doch wird diese Frage sich erst durch Untersuchung ihres Rüssels mit Sicherheit entscheiden lassen. Meine frühere Angabe, dass hinter dem unpaaren Kieferspitzchen des hinteren Rüsselwulstes noch eines vorkomme, beruht, da dieses nur ein zufällig abgelöstes anderes war, auf einer Täuschung.

N. (NEREILEPAS) BREVICIRRIS Gr. Taf. II, Fig. 2.

Vermiformis, ex carneo fulvescens, stria dorsi media alba, segmentis fere 112. anterioribus 10 vitta transversa dorsuali fusco violacea interrupta ornatis. Lobus capitalis segmentis proximis 2 paululum longior, supra ut tentacula lateralia fusco adspersus, tentacula frontalia albida, articulo illorum basali paulo minus prominentia. Segmentum buccale subtus violaceo maculatum, vix longitudine proximorum 2. Cirrorum tentacularum longissimus fere ad segmentum 11-mum, longitudine proximus ad 5-tum pertinens. Pharynx exsertilis segmenta anteriora 7 aequans: annulus anterior supra acervulis granulorum maxillarium 2 granulisque singulis mediis 2, uno pone alterum posito, subtus acervulis 3, medio transverso ornatus;

---

[1]) Annulata Örstediana Naturh. Foren. Vidensk. Meddelelser 1857.

annulus posterior granis fortioribus, supra circiter 28 serie simplici ante medium situ et 3 singulis, trianguli instar collocatis posterioribus, subtus serie duplici, hic illic triplici vel quintuplici ornatus; maxillae edentulae. Pinnae segmentorum anteriorum fere 43 dorso paulo gibbo, lingulis subparallelis, plerumque ex violaceo griseis, puncto distinctiore ejusdem coloris ante cirrum dorsualem, altero pone, tertio eis eum, quarto eis cirrum ventralem notatae, lingulae paene aeque longae, conicae obtusae, alterum tantum longiores quam altae, media paulo minus quam superior, magis quam inferior, labium pharetrae inferioris cum lingula sua aeque longe prominens. Pinnarum anteriorum sectionis posterioris (inde a 45-ta vel 49-na) margo dorsualis et ventralis ad basin cirrorum lobulo orbiculato ornatus; lingulae attenuatae, divergentes, superiores longiores, inferior obtusior, iis minus prominens, media subtus prope basin saepius lobulo minimo instructa, labium pharetrae inferioris ovale, membranaceum, haud ita extensum, lingula media minus prominens; puncta violacea ex parte minus distincta. Setae pinnarum omnium spinigerae et falcigerae, hae haud ita multo fortiores falce elongata. Cirrus dorsualis et ventralis lingulis suis plerumque breviores, interdum eas aequantes, albidi; cirri ani longiores, segmenta postrema fere 6 juncta aequantes.

Fundort: **St. Paul.**

Zwei vollständige Exemplare; eines mit 112 Segmenten etwa 70 Millim. lang, mit den Rudern (ohne Borsten) 7 Millim., ohne die Ruder vorne über 4, mitten 3 Millim., an den hinteren Segmenten mit den Rudern nur 5 Millim., ohne sie 2·5 Millim. breit, das andere voll von Eiern gegen 90 Millim. lang, von ähnlichen Verhältnissen der Breite mit 136 Segmenten, ein unvollständiges schlechter erhaltenes Exemplar, nicht ausgefärbt, 80 Millim. lang, mit nur 70 Segmenten.

Wenn sich diese *Nereis* auch den *Heteronereis* nähert, so muss sie doch noch zu den *Nereilepas* gezählt werden. Zwar ist im hintern Leibesabschnitt das Läppchen, das sich nach innen vom Rückencirrus auf dem Ruderrande erhebt und dasjenige, aus welchem der Bauchcirrus herauswächst, so gut wie gewöhnlich bei den *Heteronereis* ausgebildet, die Lippe des unteren Borstenköchers membranös und merklich verbreitert, auch das mittlere Züngelchen unten am Grunde mit einem, wenn gleich sehr winzigen Läppchen versehen (Taf. II, Fig. 2 *f*), aber es fehlen diesen Rudern durchaus die Messerborsten, ja es gehen, wie ich mich jetzt überzeugt habe, diese Charaktere an den hinteren Rudern dieses Leibesabschnittes sogar wieder verloren, so fehlt das Läppchen am Rückencirrus den 45 letzten Rudern, das viel kleinere am Bauchcirrus in dem erstbezeichneten Exemplar an den 35, in dem zweiten an den 42 letzten Rudern, wenn diese auch die schlankere Gestalt der Züngelchen behalten. An den Rudern des vorderen Leibesabschnittes erhebt sich der Rücken gleichmässig bucklig, die Züngelchen sind fast gleich lang und merklich länger als die Cirren (Taf. II, Fig. 2 *e*). Was die Form jener ausgebildetsten Ruder des hinteren Leibesabschnittes betrifft, so würde sich unsere *Nereis* zunächst an *Nereilepas fusca* Örd. von Skagen anschliessen[1], an deren mittleren Züngelchen jedoch kein

---

[1] Örstedt, Annulatorum Danicorum Conspectus I, pag. 21, Fig. 49, 50.

unteres Läppchen erwähnt wird, deren Mundsegment doppelt so lang als die übrigen, und deren längste Fühlercirren bis zum sechsten Segment reichen sollen, auch zeigt die Abbildung einen hinten kaum verbreiterten Kopflappen, dessen Augen fast in einem Quadrat stehen, während er bei *N. brevicirris* hinten merklich verbreitert und das Rechteck der Augen zweimal so breit als lang ist; diese Augen sind ziemlich gross und haben eine deutliche Pupille. *N. fusca* scheint einfarbig braun zu sein, unsere Art dagegen ist hell und durch violettbraune oder violette Zeichnungen sehr bunt gefärbt. Schon der Kopflappen und die seitlichen Fühler sind auf der Oberseite dicht braun gefleckt, das Mundsegment auf der Unterseite mit parallelen Längsstreifchen, die ersten 10 Segmente mit einer mitten oder mehrfach unterbrochenen Querbinde, die Basis der Ruder sowohl auf der Rücken- als auf der Bauchseite mit einem punktförmigen Fleckchen versehen, ein dunkler Punkt ferner sitzt vor, ein anderer hinter dem Rückencirrus und die Züngelchen der vorderen Segmente sind dunkelgefärbt, an den mittleren verbleicht allmälig diese Färbung und sticht dann weniger gegen die weissen Cirren ab. Am intensivsten pflegen die Punkte an der Basis der Rücken- und Bauchcirren bis zum Ende des Körpers zu bleiben. An den Segmenten selbst erscheint der Vorderrand und die Mitte des Rückens heller als das übrige. Die mittleren und hinteren Ruder sind nicht nur im Verhältniss zu dem hier schmäleren Leibe, sondern auch an sich, obschon nur unbedeutend länger und ihre Züngelchen schlanker als die vorderen; nur an den mittleren etwa vom 45-ten oder 49-ten bis zum 30-ten oder 40-ten vom Ende gerechnet, tritt ein Läppchen nach innen von der Basis des Rückencirrus und am Grunde des Bauchcirrus so wie am Unterrande des mittleren Züngelchens auf, das Läppchen des letzteren ist das kleinste, auch nicht überall erkennbar, das Läppchen am Rückencirrus das ansehnlichste und ziemlich kreisrund. Die Lippe des unteren Borstenköchers bildet ein durchscheinendes ovales, nicht eben ansehnliches Blatt, welches soweit als das untere Züngelchen und viel weniger als die oberen beiden, ziemlich gleich mit einander abschneidenden hervorragt, und ist an den vorderen ganz unbedeutend. Der Rückencirrus erreicht fast nie die Spitze des oberen Züngelchens, der Bauchcirrus pflegt noch etwas kürzer zu sein. An den Borsten bemerkt man nichts auffallendes. Der Sichelanhang der unteren ist etwas gestreckt. Die Vereinfachung der hintersten Ruder ist dasjenige, was bei dieser Species besonders hervorgehoben werden muss.

Die Anordnung der Kieferspitzchen am Rüssel erinnert aufs lebhafteste an *Nereis aegyptiaca* Sav.[1]) und *N. vallata* (Gr. Örsd.[2]), indem, was sonst nicht vorkommt, dieselben auf der Oberseite des hinteren Rüsselwulstes jederseits eine einzige Querreihe und in der Mitte, wo diese beiden Reihen zusammenstossen, drei Spitzchen dahinter ein gleichseitiges Dreieck bilden. Bei *N. brevicirris* zähle ich 11 bis 14 Spitzchen in jeder Querreihe. An der Unterseite erblickt man zwei vollständige Quergürtel von Spitzchen und hinter dem zweiten in kurzen Abständen noch hin und wieder kurze Längsreihen von zwei oder drei Spitzchen, der erste Gürtel enthält also die zahlreichsten, umgekehrt wie bei *N. aegyptiaca* und übereinstimmend mit *N. vallata*, bei der aber statt des vorhin erwähnten Dreieckes nur ein einzelner Punkt vorkommt. Die Hornspitzchen des hinteren Wulstes sind viel stärker als die anderen, die in der Querreihe stehenden entschieden stumpfer. Die Anordnung auf dem vorderen Rüsselwulst zeigt nichts besonderes.

---

[1]) Système des Annélides pag. 31, pl. IV, fig. 1.
[2]) Annulata Oerstediana Naturhist. Foren. Videns. Meddelelser 1857.

Gatt. TYLORRHYNCHUS GR.

(τύλος Schwiele, ῥύγχος Rüssel.)

Corpus Nereidis speciem praebens: lobus capitalis, segmentum buccale, tentacula, oculi, cirri tentaculares cum Nereide congruentia. pharynx exsertilis similis maxillis uncinatis 2, sed pro granis maxillaribus callis variae formae instructa. Pinnae cirro dorsuali et ventrali pharetrisque setarum 2 sed lingula 1 tantum distincta (media) munitae. Setae compositae (spinigerae, subfalcigerae. cultriferae).

T. CHINENSIS Gr. Taf. II, Fig. 3.

Brevis vermiformis, medium versus pinnis satis dilatatus, colore carneo, segmentis plus 65, latitudine anteriorum 6-plum, posteriorum 4-plum longitudinem aequante. Lobus capitalis longitudine segmenti buccalis. oculis aequalibus 4. pupilla munitis, posterioribus paulo minus (diametro fere 3-plici) distantibus: tentacula frontalia et lateralia paene aeque longe prominentia. Segmentum buccale supra proximo haud longius, subtus sulcis longitudinalibus exaratum. Cirrorum tentacularium longissimus usque ad segmentum 7-mum pertinens. Pharynx exsertilis brevis, segmenta anteriora 2 aequans: calli annuli anterioris vittam duplicem componentes, superiores parvi, aequales, rotundati, haud ita circumscripti, inferiorum medii majores ordine 3-plici; calli annuli posterioris vittam simplicem, medio dilatatam componentes, medii magnitudine insignes, rotundato trianguli, superiores eorum in rhombi, inferiores in trianguli lati modum collocati; maxillae fuscae perlucentes. latae, minus curvatae. crenis obtusis 3, apice obtuso. Pinnae medium versus magnitudine crescentes. posteriores altitudine corporis, pars superior lobi instar adscendens, lingula inter fasciculos setarum sita. anguste triangula, cirrus dorsualis margini lobi superiori affixus, lateralem excedens, cirrus ventralis pharetrae inferioris longitudine, dorsuali aequalis. Pinnae anteriores 21 a ceteris differentes parvae. lobo dorsuali vexillum angustum subquadrangulum referente, ceterae lobo dorsuali majore, latiore fasciculisque setarum dilatatis lamellaceae, illarum setae paucae, superiores spinigerae, inferiores spinigerae et subfalcigerae. ceterarum frequentissimae omnes cultriferae, splendore sericeo, fasciculos 2 compressos latitudine aequales componentes.

Fundort: **Shanghai.**

Das einzige Exemplar, nur hinten, wo auch ein paar Segmente zu fehlen schienen, weniger gut erhalten, war 55 Millim. lang, am 16-ten Segment mit den Rudern (ohne Borsten) 7 Millim., ohne Ruder an der Bauchseite gemessen 5, an der Rückenseite 6 Millim., an den mittleren Segmenten (z. B. am 30-ten) mit ausgespreizten Rudern (ohne Borsten) 7·5 Millim., ohne Ruder an der Bauchseite 4, an der Rückenseite 5 Millim. breit. Die mittleren und selbst die hinteren Segmente sind zweimal so lang als die vordersten, diese aber doch noch etwas breiter als die hintersten. Die vordere Partie des Körpers hatte einen viel gewölbteren Rücken und kleinere Ruder als die hintere; an der mittleren, vom 22-ten Ruder an gerechnet, haben die Ruder zwar schon die Blattform der hinteren und sind an sich sogar grösser als diese, erscheinen aber doch, da der Leib erst allmälig an Wölbung verliert, im Verhältniss noch nicht so hoch, die vorderen Ruder sind mehr auseinandergespreizt, die anderen vom 22 ten an seitlich angedrückt und nach hinten gerichtet. Im Bau der Ruder steht die Gattung *Tylorrhynchus* zwischen *Nereis (Lycoris)* und *Lycastis:* bei *Nereis* läuft der Aussenrand der mit zwei Borstenbündeln versehenen Ruderplatte in drei Züngelchen aus, bei *Lycastis* fehlen die Züngelchen ganz, die Borstenbündel rücken dicht aneinander; bei *Tylorrhynchus* entwickelt sich blos das mittelste, die beiden Borstenbündel trennende, selbstständig, vom oberen Züngelchen kann man nur sagen, dass es angedeutet sei, denn da der Rückenrand des Ruders sich in einen ansehnlichen Lappen erhebt, auf dessen Gipfel, doch immer noch vom äussersten Theile desselben etwas abgerückt und öfters in einer kleinen Vertiefung der Rückencirrus sitzt, so muss man jenen Lappen mit dem bei *Nereilepas* vorkommenden Fähnchen oder Blatt vergleichen und darin die Verschmelzung des Ruderrandes selbst mit einem oberen Züngelchen erkennen, obwohl letzteres auch nicht einmal an den vordersten Rudern einigermassen ausgeprägt erscheint. Auch bei *Lycastis*[1]) dürfte der von Audouin und Milne Edwards als Rückencirrus gedeutete horizontal fortgestreckte, etwas zusammengedrückte, gestreckt dreieckige, an den hinteren Rudern viel höhere (breitere) und längere Theil unmittelbar über dem oberen Borstenbündel in ähnlicher Weise aufzufassen sein. Jedenfalls fehlt bei *Tylorrhynchus* ein unteres Züngelchen. Die Verschiedenheit der Gestalt des Ruders und der Borsten in den vorderen und den übrigen Rudern erinnert lebhaft an die Gruppe der *Heteronereis*, auch beginnt wie hier die Basis der letzteren mit einer schmalen, queren Rückenfalte, welche dem betreffenden Leibesabschnitt sogleich ein anderes Aussehen gibt; allein bei unserem *Tylorrhynchus* zeigen sich vom 22-ten Ruder an blos Messerborsten in beiden Bündeln, bei *Heteronereis* bleiben im oberen die Grätenborsten und nur im unteren treten Messerborsten auf. An den vorderen 21 Rudern sieht man bei unserer Annelide im oberen Bündel Grätenborsten, im unteren Gräten- und kürzere Borsten wie bei *Heteronereis*, allein diese sind vollständig in zwei Reihen hintereinander geordnet, indem sich der Köcherrand zwischen ihnen in ein oberes und unteres breitgerundetes Läppchen fortsetzt, und die kürzeren Borsten tragen nicht einen eigentlichen Sichelanhang; er ähnelt vielmehr einem solchen nur in der Totalform und Kürze, hat aber keine übergebogene Spitze. Der Stiel aller Borsten ist wie bei den Nereiden dicht quergestreift, der Grätenanhang, wie bei einigen derselben, an der Schneide fein gekerbt, der Messeranhang kurz, schmal lanzettförmig und ungemein zart und durchsichtig. Die Messerborsten stehen äusserst zahlreich und gedrängt, und bilden zwei gleichgrosse und breite plattgedrückte Bündel, ohne sich ganz fächerförmig auszuspreizen; das grosse Lippenblatt, das bei *Heteronereis* den Fächer des unteren Borstenköchers begleitet, vermisst man gänzlich. Jeder Borstenköcher enthält eine schwarze Nadel mit gerader Spitze. Der Lappen des Rückenrandes, auf dem der Cirrus sitzt, ist etwa ebenso hoch als dieser lang, und hat an der vorderen 22 Rudern die Gestalt eines schmalen verschoben vierseitigen Fähnchens (Taf. II, Fig. 3 e), wird aber an den übrigen sehr viel grösser und von der Basis an breiter (Taf. II, Fig. 3 g). Der Bauchcirrus, der auf einer ganz unbedeutenden Erhabenheit sitzt, hat etwa die Länge des Rückencirrus, und ragt höchstens etwas über den unteren Köcher der Borsten, der Rückencirrus, obwohl er schräg

[1]) Annales des sciences naturelles. XXIX, pag. 223, pl. XIV, Fig. 8, 9.

nach oben sieht, oft noch über die Spitze des mittleren Züngelchens hinaus. Der Basaltheil der Ruder ist so dick, dass er den ganzen Seitenrand seines Segmentes einnimmt, der Rückenrand des Basaltheiles senkt sich stetig bis zum Fähnchen, der Bauchrand wölbt sich eher ein wenig über die Ebene der Bauchseite, und erstreckt sich weiter gegen die Mittellinie hin als der Rückenrand, woher der Leib von der Bauchseite betrachtet, merklich schmäler aussicht als von der Rückenseite.

Der Kopftheil ist ganz wie bei *Nereis* gebildet; der Kopflappen etwa so lang als das Mundsegment, seine durch eine Längsfurche halbirte Stirnpartie bei unserer Art von trapezoidaler Gestalt, vorne verschmälert, wobei ihre Fühler noch um ihre Dicke auseinander stehen, auch hinten merklich schmäler als die hintere, deren ansehnliche Augen ein vorne etwas breiteres Trapez bilden, und mit einer Pupille versehen sind, die vorderen derselben sind schräg nach vorne, die hinteren nach hinten und oben gerichtet und stehen etwa um ihren dreifachen Durchmesser auseinander, von den vorderen nur um einen Durchmesser ab. Die Stirnfühler ragen wenig über das Basalglied der seitlichen Fühler und diese noch nicht bis zum vorderen Rüsselwulst vor. Von den Fühlercirren reicht der längste (der hintere obere) noch nicht bis zur Spitze der Kiefer, nach hinten gelegt bis zum 7-ten Segment, der vordere obere fast bis an den Rand des Rüssels. Was diesen selbst anbelangt, so zeigt sich darin eine grosse Verschiedenheit von *Nereis* und *Lycastis*, dass er nicht mit hornigen Körnchen oder Kieferspitzchen, sondern mit platten Schwielchen bewaffnet ist: diese sind an dem vorderen Wulst nur klein, oben in etwas unregelmässiger Doppelreihe, unten ähnlich gestellt, doch so dass man in der Mitte drei einzelne hinter einander sieht, an dem hinteren Wulst bemerkt man oben vier grosse in einem breiten rechtwinkeligen Kreuz, unten drei noch grössere gerundet dreiseitige, in einem nach vorne offenen Dreieck, die übrigen an der Unterseite ordnen sich zu einem einfachen Gürtel. Die erst erwähnten vier verlängern sich entschieden zipfelartig nach hinten, und liegen mit diesem freien Theil dem Rüssel an. Dabei ist der Rüssel kurz (3 Millim. lang), nicht länger als das an der Unterseite jederseits von fünf vorne divergirenden Längsfurchen und einer Mittelfurche durchzogene Mundsegment mit dem folgenden zusammengenommen, auch wenig (kaum 0·5 Millim.) länger als breit. Die durchscheinend dunkelbraunen Kiefer sind kurz, breit, ganz stumpf und an der Schneide nur mit drei Kerben versehen. Die Farbe des Leibes wie der Ruder ist jetzt ein grauliches Fleischroth.

Gatt. GLYCERA Sav.

GL. NICOBARICA Gr. Taf. III, Fig. 1.

*Longius vermiformis, flavescens, subtus stria mediana alba latiore ornata, seg-
mentis plus 224 biannulis, anterioribus ad latera dorsi quasi in longitudinem
costellatis, latitudine eorum fere 8-plam, mediorum 6-plam, postremorum (per se
breviorum) 12-plam longitudinem aequante. Lobus capitalis longitudine segmentorum priorum 8, subtus stria media ornatus, ex fusiformi conicus annulis fere 13.
Tentacula haud observata. Pinnae sub papilla lateris corporis minuta subglobosa
orientes, parte duplo longiores quam altae, fasciculis setarum 2-nis, utroque labiis 2
triangulis inaequalibus interjecto, labio anteriore quoque multo longiore, acuto;
posteriores humiliores; cirrus centralis acuminatus, pharetram inferiorem raro
excedens. Branchia in latere pinnarum aliquot anteriore observata, propius basin*

Anneliden.

sita, plerumque digitiformis, fere usque ad basin lingularum pertinens. Setae superiores simplices, capillares, inferiores spinigerae, utracque ad 9-nas.

Nur ein Exemplar, und dieses unvollständig, etwa 135 Millim. lang, grösste Breite (z. B. am 60-ten Segment) mit den Rudern ohne Borsten etwas über 6 Millim., ohne Ruder 4 Millim. Bei den Glyceren, welche Kiemen an den Rudern besitzen, ist diese entweder auf dem Rückenrande derselben oder an ihrer Vorderwand befestigt, zu jenen gehört *Gl. alba* (Müll.), *microdon* Schm., auch wohl *sphyrabrancha* Schm., zu den anderen *Gl. Meckelii* Aud. Edw. *fallax* Qfg., *unicornis* Sav. und unsere Art, die sich von den genannten dadurch unterscheidet, dass bei ihr die Kieme nur einfach und fingerförmig, bei jenen aber von Grund aus gablig ist: bei *Gl. Meckelii* laufen diese Organe vom 18-ten Ruder bis zum 180-ten Ruder fort, bei *unicornis* scheinen sie bei allen Rudern vorzukommen, bei *Gl. nicobarica* kann ich sie nur am 51-ten, 107-ten, 110-ten, 112-ten und 114-ten Ruder der linken Seite wahrnehmen, und muss vermuthen, dass sie an anderen, vielleicht sehr zahlreichen Rudern zwar vorhanden, aber eingestülpt sind. Dicht über dem Ursprunge des Ruders, aber schon an der Seitenwand des Leibes selbst sitzt eine winzige, fast kuglige Papille, wie sie bei vielen Species, zum Theil aber in einem grösseren Abstande vom Ruder vorkommt. Das etwa 2½mal so lange als breite, weiterhin aber gestrecktere Ruder läuft in zwei übereinander liegende Borstenköcher aus, von denen jeder wie bei *Gl. Meckelii* mit einer vorderen und einer hinteren Lippe versehen ist, doch sind hier alle vier verlängert dreieckig, bei *Gl. nicobarica* nur die vorderen des Ruders, die hinteren kurz. Der Baucheirrus kommt unten am Grunde des unteren Borstenköchers hervor und ist so kurz, dass er nicht einmal bis an dessen Lippen reicht. Dies Verhältniss erinnert an *Gl. alba* auch an *Gl. Lancadivae* Schm., doch findet sich bei letzterer ausser den Haarborsten des oberen und den Grätenborsten des unteren Bündels auch noch eine hakige gesäumte Nadel, welche unserer Art fehlt; was Schmarda bei *Gl. Lancadivae* Kieme nennt, entspricht wohl der oben erwähnten kleinen Papille; und ist keine eigentliche Kieme. In der grossen Zahl der Segmente (über 224), schliesst sich *Gl. nicobarica* an *Gl. Meckelii*, doch erscheint ihre Gestalt noch gestreckter, gegen die Mitte hin weniger verdickt, und der Kopflappen, wenn dies nicht von einer zufälligen Contraction herrührt, mehr spindelförmig, an der Basis verengt, weniger schlank konisch; Fühlerchen an seiner Spitze habe ich gar nicht entdecken können. Viele Segmente, namentlich die vorderen sehen an den Seitentheilen des Rückens wie fein längsgerippt aus, alle zerfallen in zwei grosse Ringel, aus deren hinterem das Ruder entspringt, nur die Furchen, welche die Segmente begrenzen, laufen über den Nervenstrang hinweg, die welche die beiden Ringel eines Segmentes scheidet, tritt jederseits nur bis an denselben heran. Auch die über dem Ursprunge des Ruders sitzende Papille gehört dem jedesmaligen zweiten Ringel eines Segmentes an. Die vordersten mit Rudern versehenen Segmente sind wenig breiter als der Kopflappen, aber viel schmäler als die hinter dem 6-ten liegenden. Die Ruder mit ihren Borsten pflegen so lang zu sein, als die halbe Leibesbreite, an den mittleren Segmenten sind sie etwas kürzer.

Gatt. SYLLIS SAV.

S. VANCAURICA Gr. Taf. III, Fig. 2.

Gracillima, segmentis fere 371, anterioribus 11 albicantibus, dorso bizonatis. zonis linearibus nigris, mediis, per totam latitudinem patentibus, ceteris fulvescentibus, per se latioribus, postremum versus sensim attenuatis, longitudine anteriorum 11 *fere* $^1/_{1}$, *proximorum* $^1/_6$, *ceterorum* $^1/_1$ *vel* $^1/_3$ *latitudinis aequante.* Lobus capitalis *transverse oralis, longitudine segmentorum proximorum 3 junctorum, albidus linea nigra transversa angulosa, angulo postico tentaculum impar ambeunte, ornatus, tori frontales paralleli, oblongi, antice attenuati, longitudine lobi capitalis,* oculi nigri orbiculares, subaequales, trapezium latissimum componentes, anteriores *a posterioribus diametro 1 distantes.* Tentacula alba articulata, impar toros paulo excedens, *lateralibus paulo minus prominens,* 2-pla fere lobi capitalis longitudine, articulis fere 20. Superiores cirrorum tentacularium *illis longiores, cum* dorsualibus segmenti 2^{it} et 3^{io} fere aeque prominentes, c. dorsualis 4^{it} longissimus, illos superans, *articulis fere* 35, sequentes *decrescentes, pinnarum latitudinem satis excedentes,* cirri segmentorum mediorum *plerumque eam aequantes vel etiam breviores, subfusiformes,* postremorum iterum filiformes: cirri ani *filiformes longitudine segmentorum proximorum 3; omnes albidi, articulati.* Pinnae anteriores *ceteris ratione segmentorum habita longiores,* $^1/_3$ fere latitudinis corum aequantes, cirrus ventralis *longitudine pharetrae.* Setae pinnarum 25 anteriorum falcigerae, falce longiuscula vel brevissima. 7-nae, ceterarum *simplices* crassiores 2-nae, apice bifurco, postremarum *fere* 20 iterum tenerae falcigerae 3-nae.

Fundort: **Vankauri.**

Das einzige, aber wohl erhaltene Exemplar ist etwa 53 Millim. lang und an der breitesten Stelle ohne die Borsten nur 1·5 Millim. breit.

Da der Rüssel nicht hervorgestülpt ist, lässt sich nicht entscheiden, ob dieses Thier zu den eigentlichen *Syllis* oder zu den *Gnathosyllis* gehört, beide haben gegliederte Rückencirren und einen gleichgebauten Kopftheil. Unter den *Syllis*-Arten zeichnen sich mehrere durch die dunkeln, zu je zwei stehenden Querstreifen der Segmente aus, wenngleich diese Zeichnung meistens nur an den vordersten deutlich erhalten ist, oder auch weiterhin ganz verloren geht, so *S. Zebra* Gr., *S. latifrons* Gr. Kr. und *S. brachycirris* Gr. Örsd. Aber bei *S. Zebra* liegt die eine Querbinde an der Grenzfurche, und erreicht den Seitenrand, die andere hält die Mitte des Segmentes und erreicht den Seitenrand nicht, bei *S. latifrons* ist die erste ebenso gelegen, erreicht aber den Seitenrand lange nicht, die zweite erreicht ihn, ist aber mitten breit unterbrochen, bei *S. brachycirris* sind beide zwar gleich lang, aber die hintere stärker ausgeprägt, meist allein erkennbar und noch vor der Mitte des Segmentes gelegen. Bei *S. rancaurica* sind beide Querstreifen schwarz, halten die Mitte der Segmente und laufen bis zum Seitenrand, indem sie noch die Basis des Rückencirrus umgehen. *S. brachycirris* hat mit der hier beschriebenen sonst noch manche Ähnlichkeit, namentlich auch darin, dass die meisten Rückencirren nur wenig über die Borsten ihrer Ruder hinausragen, also sehr kurz sind und nur etwa zwölf Glieder haben, doch finde ich in meiner Zeichnung diese Glieder viel deutlicher von einander abgesetzt als bei *S. rancaurica*, den unpaaren Fühler länger als die seitlichen und doppelt so lang als den Kopflappen mit den Stirnpolstern, und den oberen Fühlercirrus noch weiter vorragend, wogegen die nächsten Rückencirren, umgekehrt wie bei unserer Art, an Länge zurückstehen; dort hat der obere Fühlercirrus, bei *S. rancaurica* der dritte Rückencirrus die ansehnlichste Länge und Gliederzahl (mehr als 30 Glieder, von denen aber die des untersten Drittheiles wenig abgesetzt und nicht gut zählbar sind); der Kopflappen an sich ist bei *S. brachy-*

cirris nur so lang als die zwei folgenden Segmente, die Stirnpolster gestreckter; die zusammengesetzten Borsten hören mit dem 17-ten Ruder auf, ihr Anhang endet nicht in eine übergebogene Spitze, sondern ähnelt einem kurzen Grätenanhang, und mit dem 18-ten Ruder schon beginnen die in zwei kurze Zinken auslaufenden stärkeren, zu je zwei stehenden Borsten. Bei *S. vancaurica* dagegen hören die zusammengesetzten Borsten am 25-ten Ruder auf, zeigen sich aber wiederum an den letzten Rudern; dasselbe gilt von den fadenförmigen deutlicher gegliederten Rückencirren, die an den mittleren Segmenten einer kürzeren, oft minder deutlich gegliederten Form (zuweilen einer wahren Spindelform) Platz gemacht haben. Der Anhang der zusammengesetzten Borsten ist übrigens bald eine etwas gestrecktere Sichel mit fast gerader Schneide, bald so kurz, dass er fast einem gleichschenkeligen Dreieck mit gekrümmter Basis ähnelt. Bei den ersteren erscheint die Schneide oft etwas gesägt. *S. latifrons* besitzt durchweg fadenförmige Rückencirren, zwar an Länge wechselnd, doch zählt man auch an den kürzeren, welche halb so lang als der Leib sind, 20 und mehr Glieder, an den längsten aber bis über 50, der unpaare Fühler ragt weit über die seitlichen und diese weit über die kurzen breiten Stirnpolster hinaus. *S. Zebra* zeigt divergirende Stirnpolster und weniger weit auseinander stehende Augen, einfache zweizinkige Borsten fehlen. *S. aurita* Clap. ähnt auffallend meiner *S. Zebra*, namentlich auch in der Divergenz der Stirnpolster und der Stellung der dunkeln Querstreifen des Rückens, die aber dort violett, bei *S. Zebra* braun sind, freilich auch mit einem Stich ins Violette; unsere Art besitzt entschieden schwarze gleich lange, vom Vorder- und Hinterrande gleichweit abstehende und an den Enden nicht verschmälert. Jedenfalls gehört sie mit *S. moniliformis* Sav. und *valida* Gr. Örsd. zu den längsten Arten, deren Segmentzahl über 200 hinausgeht.

Gatt. NOTOMASTUS Sav.

N. BRASILIENSIS Gr. (Taf. III, Fig. 3).

Vermiformis, ex carneo flavescens, sectione anteriore minus crassa, distincte quadrangula ventre plano, posteriore initio crassiore, magis rotundata, sensim attenuata, ventre angustiore excavato; segmentis parte posteriore incrassatis, fere 292, anterioribus 12 ratione latitudinis habita longioribus quam ceteris. Lobus capitalis semicirculatus, segmento buccali paulo brevior. Segmentum buccale setis liberum, latitudine 3-plici ejus; pharynx exsertilis brevis maxime incrassata, verruculis mollibus dense obsita. Segmenta proxima 11 duplo latiora quam longa aequilatera, dorso et lateribus dimidii posterioris quasi callo torore transverso munitis, fasciculis setarum utrinque distichis, ad angulos sitis: s. cetera illis breviora, longitudine ¹/₆ ad ¹/₁₂ latitudinis aequante, dorso latiore quam ventre, toris uncinigeris utrinque distichis, vix incrassatis, taenia conjunctis, ventralibus sensim latitudine decrescentibus, postremis multo minoribus quam dorsualibus, his dorso minus latis. Setae capillares fasciculos minimos componentes, brevissimae, uncini aegre distinguendi paene recti, apice rostri instar hamato simplici, limbato.

Fundort: **Rio Janeiro.**

Nur ein Exemplar vollständig, etwa 73 Millim. lang, Breite der vorderen Abtheilung 2·5 Millim., ihre Höhe nicht bedeutender, grösste Breite der hinteren am Rücken bis 3·5 Millim.,

4·

am Bauche etwas über 2 Millim., Höhe 3 Millim., Länge der vorderen Abtheilung 7 Millim., des Rüssels etwa 1·7 Millim.

Wir kennen bereits drei *Notomastus*-Arten, *N. latericeus* Sars., *Benedeni* Clap. und *Sarsii* Clap., welche alle darin übereinstimmen, dass ihr Kopflappen conisch ist, bei unserer Art hat er dagegen eine durchaus halbkreisrunde Form, ist nicht durch Ringfurchen weiter getheilt und hinten nur ⅓ so breit als das Mundsegment. Indem die auskleidende Schleimhaut des Rüssels sich aufblähend zur Mündung herausgedrängt ist, erscheint dieser bei unserem Exemplare nur zufällig kuglig, man sieht die scharfe Grenze der mit weichen Wärzchen bedeckten äusseren und der glatten Schleimhaut. Eine gefelderte Beschaffenheit der Oberhaut sieht man nur sehr undeutlich an den vordersten 6 borstentragenden Segmenten. Der vordere aus 12 Segmenten bestehende Abschnitt des Leibes erscheint nicht wie bei *N. latericeus* spindelförmig aufgebläht und geht hinten nicht langsam in den zweiten über, sondern ist im Gegentheil merklich dünner als der folgende, durch seine grössere Dicke und etwas andere Gestalt scharf abgesetzte. Der Umfang des vorderen ist fast quadratisch mit ebenen Wänden, die Ecken schärfer markirt durch die ganz schmalen Borstenbündel, der Umfang der hinteren Abtheilung zwar auch noch vierseitig zu nennen, aber die Breite der Rückenwand ansehnlicher als die Höhe der wegen der Schmalheit des Bauches schräg liegenden, oft etwas ausgehöhlten Seitenwand, auch die Bauchwand ist mitten ausgehöhlt. Indem ihre Breite mehr und mehr abnimmt, schwindet auch die Breite der unteren Wülste der Hakenborsten, aber auch die oberen nehmen nach hinten an Breite etwas ab, so dass sie zwar die unteren immer noch darin übertreffen, aber doch der von den Borstenwülsten freie Theil der Seitenwand hier höher wird. Überdies zeigt die Rückenwand der borstentragenden Segmente der vorderen Abtheilung in der hinteren Hälfte eine quere niedrige Verdickung, ebenso die Seitenwand zwischen den kleinen Ausschnitten, aus denen die Borstenbündel hervortreten; die viel kürzeren Segmente der hinteren Abtheilung erscheinen dadurch zweiringlig, dass die hintere Hälfte an den abgerundeten Ecken von den ebenfalls nur sehr niedrigen und schwach ausgeprägten, durch einen dünnen Saum verbundenen Wülsten der Hakenborsten eingenommen wird. Die oberen Wülste rücken nie der Mittellinie des Rückens so nahe wie bei *N. latericeus*, noch weniger verschmelzen sie mit einander, und nie dehnen sie sich weniger in die Breite als die unteren aus (vgl. Sars l. c. Tab. II, Fig. 13, 14). Die Hakenborsten sehen fast ganz gerade aus und enden in einen einfachen, nicht wie bei *N. Sarsii* zweispitzigen gesäumten Schnabel. Die Haarborsten der vorderen Abtheilung ragen viel weniger als bei dieser Art vor und scheinen vor der Spitze ein wenig verbreitert. Unter der Stelle, an der sie hervortreten, glaube ich eine kleine Spalte zu bemerken.

Gatt. DASYBRANCHUS Gr.

D. CIRRATUS Gr. (Taf. III, Fig. 1).

Vermiformis, ex quadrangulo subteres, postice minus attenuatus, pallide carneus splendidulus, cuticula haud reticulata, segmentis circiter 190, plus minus biannulis. Lobus capitalis obtuse conicus, sulcis circularibus 2 vel 1, ad basin utrinque puncto nigro (oculari) instructus. Segmentum buccale setis liberum, anteriora versus attenuatum. Pharynx exsertilis brevis subglobosa, verrucis mollibus dense

¹) Sars, Koren. Danielsen Fauna litoralis Norvegiae II, p. 9, Tab. II, Fig. 9 17.
² Claparède Glanures zoologiques p. 51.

obsita. Segmenta proxima *13 fasciculis setarum utrinque distichis munita, duplo fere latiora quam longa, posterioribus alterum tantum longiora sulco laterali inde a t⁰ incipiente; cetera toris uncinigeris utrinque distichis armata.* Setae capillares *tenerrimae, lineares, ad 12-nas, flabella angustissima componentes, angulos corporis tenentes:* uncini minimi, *paene recti apice rostri instar hamato, simplici limbato: tori eos continentes minus tumidi, lineam mediam dorsi et ventris minime,attingentes, in lateribus corporis satis distantes, taenia lineari conjuncti.* Branchiae *in segmentis anterioribus fere 110 desideratae, breves, summum ²/₃ latitudinis corporis aequantes, cirratae, ex filis simplicibus 3 ad 5 (vel 8) compositae, contractae papillaeformes.*

Fundort : **Vankauri.**

Es lagen zwei vollständige, stark contrahirte, mehrfach zusammengewundene und desshalb nicht leicht zu untersuchende Exemplare und ein Endstück mit besonders entwickelten Kiemen vor. Von jenen mass das eine mit etwa 178 Segmenten gegen 53 Millim., das andere mit etwa 190 Segmenten gegen 63 Millim., bei einer Breite von 1·2 Millim.: das Endstück mit 82 Segmenten 13 Millim. Wenn diese Exemplare ausgewachsen waren, so unterscheidet sich diese Art schon durch die geringe Grösse von *D. caduceus*, abgesehen davon durch die Gestalt der Kiemen, welche hier ein kurzes Stämmchen mit langen wenig verzweigten Ästen bilden, bei dieser neuen Art aber nur aus einigen einfachen, aus einer gemeinsamen Basis unmittelbar hinter einander hervorsprossenden Fäden bestehen und so eine kleine Quaste bilden können ; doch habe ich nie mehr als acht, gewöhnlich nur drei bis fünf gezählt. zuweilen, namentlich an den vorderen, noch weniger; auch ihre Länge ist verschieden, sie sind höchstens etwa zwei Drittel so lang als der Leib breit, mitunter aber so kurz wie kleine Papillen. An dem kürzeren Exemplare stehen sie ohne Unterbrechung nur an den 38 letzten Segmenten. aber einzelne schon in der Gegend des 118-ten Segments, bei dem längeren an den hintersten 81, doch nicht ohne Unterbrechung: sie spriessen dicht über der unteren Seitenkante hinter dem Wulst, der die Hakenborsten trägt, hervor, zuweilen vor einer länglichen Auftreibung der Seitenwand, welche zwischen je zwei Wülsten der *Uncini* emporsteigt. Die vordere aus 14 Segmenten bestehende Leibesabtheilung, welche mit Ausnahme des nackten Mundsegmentes Haarborsten trägt, verdickt sich vorn ein wenig und ist hinten etwas eingeschnürt, mitunter erscheinen ihre Seitenwände stärker bauchig und die Bauchwand breiter als der gewölbte Rücken, so dass die beiden unteren Borstenbündel weiter als die oberen auseinander stehen. An der Seitenwand beginnt mit dem 4-ten Segment eine mittlere Furche, welche sich am 15-ten spitzwinklig theilt und so fortlaufend eine breitere Seitenbinde begrenzt, bis zu welcher sich die oberen und unteren Enden der Uncini tragenden Wülste zu erstrecken pflegen. Der mittlere Theil des Rückens und Bauches, jener in breiterer Erstreckung, wird von jenen Wülsten nicht erreicht, sie nehmen gerade die abgerundeten Ecken des Quadrates ein, welches die hintere Leibesabtheilung im Durchschnitt zeigt, die Bauchwand ist hier mitten etwas ausgehöhlt. Die oberen und unteren Wülste sind, ziemlich gleichbreit, aber ihre Hakenborsten so fein, dass man ihre Querreihen nicht überall als zarte silberglänzende Linien wahrnimmt. Ich finde die Länge dieses zarten geraden, nur am Ende etwas übergebogenen Borsten mit geradem, einfachen gesäumten Schnabel nur 0·016 Linie. Auch die Haarborsten des vorderen Leibesabschnittes sind ungemein fein, ganz linear. Nahe dem Grunde des stumpfconischen durch ein oder zwei Ringfurchen getheilten Kopflappens, der hier seiner Begrenzung nach nicht sicher zu unterscheiden, doch jedenfalls schmäler als das Mundsegment ist, sehe ich nicht weit vom Seitenrand einen schwärzlichen Punkt, der wohl ein Äugelchen sein könnte und bei *D. caducus* nicht wahrgenommen ist (Taf. III, Fig. 4 a). Netzartig gefeldert erscheint die Haut des *D. cirratus* nirgends, wohl aber etwas glänzend, indem die Muskellängsbinden stark durchschimmern.

Gatt. PSAMMOCOLLUS GR. *

(ψάμμος Sand, κολλάα zusammenleimen.)

Genus familiae Maldaniarum, Ammochari simillimum, sed membrana annuliformi laciniata anteriore nulla. Corpus vermiforme, tenue, segmentis haud numerosis, minus distinctis, plus minus elongatis, utrinque fasciculos setarum et vittas ventrales uncinorum brevissimorum confertorum ferentibus. Lobus capitalis cum segmento buccali coalitus, paene tubiformis, subtus fissus.

PS. AUSTRALIS Gr. (Taf. III, Fig. 5).

Albidus, brevius vermiformis, tenuis, posteriora versus paulo attenuatus, segmentis 12 ad 17, anterioribus 2 vel 3 et posterioribus 3 brevissimis, ceteris medium versus longitudine crescentibus, longissimo 3-plo vel 4-plo fere longiore quam lato. Lobus capitalis corporis crassitudine, tubum brevem subtus per longitudinem fissum referens, fronte truncata, marginibus fissurae incrassatis, cum segmento buccali coalitus. Setae capillares tenerrimae, segmentorum postremorum 3-nae ad 4-nas, ceterorum 6-nae ad 13-nas; fasciculus setarum 1-mus jam ad finem lobi capitalis, postremus proxime anum patens. Vittae uncinorum ventrales tumidulae, utrinque spatio saepe angustissimo separatae, sub fasciculis setarum anterioribus 2 vel 3 et posterioribus 3 desideratae; uncini brevissimi, microscopio tantum adhibito distinguendi, ordine 7-plo vel 8-plo conferti. Segmentum postremum, anum continens, supra paulo longius, crena marginis dorsualis minuta bilobum.

Tubus ab animali confectus eo multo longior, haud ita crassior, membranaceus, strato granulorum sabuli plerumque simplici obductus, omnino flexilis, utrinque sensim attenuatus.

Fundort: **St. Paul.**

Ich erhielt viele durcheinander gewundene Röhren von höchstens etwas über 1 Millim. Dicke an der Aussenwand, aus welchen diese zarten Würmchen herauspräparirt werden mussten. Die Länge der Thierchen wechselte von 9 bis 17 Millim., die grösste Dicke (nahe dem Kopfende oder in der Mitte des Leibes) von 0·4 bis 0·5 Millim., die Zahl der Segmente von 12 bis 17, nicht ohne Ausnahme mit der Länge des Körpers steigend. Man erkennt dieselbe nur an der Zahl der Borstenbündel, die keinem fehlen, äussere Segmentgrenzen finde ich nirgends ausgeprägt, eine innere seh' ich hin und wieder durch ein den Darm umfassendes Dissepiment der Leibeshöhle gebildet, doch auch nur an mittleren Segmenten. Der Kopflappen mit dem Mundsegment und den nächsten zwei Segmenten pflegen einen gemeinsamen, kaum abgesetzten aber durch seinen gänzlichen Mangel an Durchsichtigkeit von den übrigen unterschiedenen Theil zu bilden, der etwa 2 bis 2½mal so lang als dick ist. Der Kopflappen sieht wie ein vorn abgestutztes Mundsegment selber aus, allein bei näherer Untersuchung zeigt sich doch, dass die Mundöffnung nicht wirklich endständig ist, sondern sich an der Bauchfläche noch eine kleine Strecke nach hinten als Spalte fortsetzt, neben dem hinteren Ende dieser Spalte steht am Körperrande schon das erste Borstenbündel, dem schnell ein zweites, oft auch drittes folgt. Die nächsten stehen in Abständen, welche nahezu zweimal so gross als die Dicke des Leibes sind, aber zwischen dem 7-ten und 8-ten, oder 8-ten und 9-ten Borstenbündel ist in der Regel ein merklich grösserer und zugleich der grösste Abstand. weiterhin rücken sie ebenso nahe als vor dem 7-ten oder noch näher an einander und die letzten drei pflegen so rasch auf einander zu folgen als die vordersten drei. das hinterste ebenso nahe dem Endrande als das vorderste dem Vorderrande zu stehen. Die Haarborsten, ganz linear und äusserst zart. bilden ganz schmale Fächer von höchstens 13 Borsten von ungleicher Länge, die hintersten, oft auch die vordersten, stehen aber gewöhnlich nur zu drei oder vier; ihr vorragender Theil kann der halben Leibesdicke gleichkommen oder sie noch etwas übertreffen. Bisweilen gehen sie ganz verloren.

Unmittelbar unter oder etwas hinter ihnen beginnen die nicht ganz bis zur Mitte des Bauches herabsteigenden, auf einer kaum bemerkbaren Erhöhung eingesetzten gürtelförmigen Gruppen von Hakenborstchen, welche nur an den zwei oder drei vordersten und den drei hintersten Bündelchen der Haarborsten fehlen. Diese Hakenborstchen von ganz schwach geschweifter Form, kaum gestreckt S-förmig zu nennen, mehr gerade, mit kurz hakiger Spitze, unten verjüngt, ohne in ein Schwänzchen umgebogen zu sein, sind so kurz und winzig. dass sie nur 0·0036 Lin. in der Länge messen und sitzen dicht an einander gedrängt in etwa sieben- oder achtfacher Querreihe. Der Leib verjüngt sich nach hinten nur sehr wenig, am Endsegment ragt die Rückenwand meist etwas dachartig vor und ist am Endrand deutlich eingekerbt, aber an einem Exemplar sehe ich keine Spur von Einkerbung. vielmehr einen sanft gerundeten, fast abgestutzten Hinterrand und überdies noch eine allmälige Verbreiterung oder Verdickung des letzten Segmentes gegen diesen Rand hin.

Von inneren Organen kann man schon bei sanfter Compression den Darmcanal unterscheiden, der unmittelbar vor dem ersten Gürtel der Hakenborsten beginnt und wo er stark gefüllt ist. wenig von den Leibeswänden abstehend, in gerader Richtung fortläuft. indem er nur hie und da eine kurze Biegung macht oder in kurzen Wellenbiegungen bis gegen das Ende läuft; die vordersten Segmente bis zu der bezeichneten Stelle erfüllt ein dickwandiger Pharynx von grösserem Durchmesser als der Anfang des Darms. Ausserdem sehe ich noch am ersten und den folgenden drei Gürteln vom Hakenborsten je ein Paar kürzerer oder längerer. gerader oder gekrümmter Blindschläuche, welche zwischen den Haar- und Hakenborsten an der Leibeswand beginnen. wahrscheinlich hier münden und mit dem blinden, zuweilen dickeren Ende nach hinten gerichtet sind: sie haben wohl die Bedeutung der ähnlich gelegenen Organe bei den Maldanen. Ophelien u. a. verwandten Anneliden. Endlich glaube ich auch den Nervenstrang und seinen langgezogenen Mundring zu erkennen.

Die Röhren, in denen die Psammocollus steckten (Taf. III, Fig. 5 *f*), waren kaum weiter als ihr Körper. doch beträchtlich länger; so mass eine derselben. welche ein 9 Millim. langes Thier enthielt, 25 Millim., die längsten, die ich antraf, 50 Millim. Sie sind dünnhäutig, aber mit einer meist einfachen Schicht von Sandkörnchen bekleidet, die ihre Biegsamkeit nicht behindert und gegen beide Enden weniger dicht wird, woher sie hier etwas verdünnt erscheinen. Ausser den Sandkörnchen ragen aus der Wand der Röhre noch winzige glatte Spicula von Spongien bald mit ihrer Spitze, bald mit dem ihr entgegengesetzten Knöpfchen hervor. Beide Enden der Röhre sind offen; öfter guckt ein Kopf- oder Schwanzende des Thieres. zuweilen fast eine ganze Vorderhälfte hervor.

Gatt. **TEREBELLA** L. s. str. SAV.

T. DASYCOMUS Gr. (Taf. III, Fig. 6.)

Brevius vermiformis, antice tumida, pallide carnea, segmentis 46 ad 56, posterioribus minus brevibus, multo angustioribus quam anterioribus. Lobus capitalis semicirculatus, longitudine segmenti buccalis, eo paulo angustior. Tentacula tenuia, maxime numerosa, ordine multiplici conferta, longiora interdum fere longitudine corporis. Scuta ventralia 17 toris uncinigeris angustiora, (priora brevissima), ita longitudine sensim crescentia, latitudine decrescentia, ut 11-mum vel 12-mum jam quadratum sit. Segmenta branchigera 2, lobis lateralibus nullis dilatata. Fasciculi setarum utrinque 23 ad 25, in segmento 4-to, tori uncinigeri in 5-to incipientes, utrinque 16, medii maxime transversi, longitudine fere ¹/₇ latitudinis aequante, a segmento 20-mo in pinnulas transeuntes. Branchiae utrinque 2, maxime laterales ramosae, jam paene a radice bipartitae, ramis longioribus subcrassis, satis numerosis, anterior major, ex parte tentaculis occulta. Setae capillares tenerae, rectae, haud distincte limbatae, fasciculos angustos componentes, uncini 2-seriales, rostri apice simplici.

Fundort: **St. Paul.**

Das grösste Exemplar, das eine Länge von etwa 37 Millim. und eine grösste Breite von fast 8 Millim. (am 8-ten Segment) hat, ist vollständig und besitzt 56 Segmente, auf der linken Seite 23, auf der rechten 21 Bündel von Haarborsten; hinter dem 21-ten kommt hier ein Flösschen hervor, dem die Haarborsten fehlen, am nächstfolgenden erscheinen sie wieder, dann aber auch nicht weiter, sondern blos Flösschen: bei einem kleineren Exemplar zähle ich jederseits 25 Bündel von Haarborsten. Ausgeprägte quere Bauchwülste mit Haarborsten gibt es 16, sie beginnen in einer Breite von 2·5 Millim. mit dem fünften Segment und zeigen sich zuletzt 1·8 Millim. breit am 20-ten; am zweiten, dritten und vierten sind die Wülste zwar unverkennbar, zeigen aber noch keine Hakenborsten; seitliche Ausbreitungen oder Lappen, die an diesen vorderen Segmenten bei manchen anderen Arten auftreten, fehlen der unsrigen. Mit dem 21-ten Segment beginnen die Flösschen, aber die sieben oder neun ersten derselben tragen an ihrem Oberrande noch ein sehr dünnes Borstenbündelchen, sind noch fast ebenso dick als die Bauchwülste und sehen wie Bauchwülste aus, die nur um die Hälfte verkürzt sind; weiterhin werden sie bei dem grossen Exemplar merklich kleiner, dann aber wieder ansehnlicher und weiter vorragend. Die Borstenbündel beginnen am 4-ten Segment und hören am 28-ten auf. Die Bauchschilder der Segmente verschmälern sich vom 1-ten an stetig bis zum 12-ten, welches nur halb so schmal aber etwas länger als die vorderen ist, die übrigen sechs nehmen kaum noch an Breite ab, an Länge etwas zu, die Segmente selbst verschmälern sich etwa vom 12-ten an schnell, vom 21-ten an, wo die Breite mit den Flösschen bei dem grossen Exemplar blos noch 3 Millim. beträgt, nur sehr wenig, sie erscheinen hier an sich etwas breiter als lang, bekommen aber durch die abstehenden Flösschen einen noch breiteren Hinterrand, so dass sie trapezisch wie die Glieder mancher Taenien aussehen, alle diese Segmente erscheinen ausgeprägt zweiringlig, indem sich ihre hintere, die Flösschen tragende Hälfte am Rücken verdickt. An demselben Exemplare waren die Kiemen, weil vollkommen ausgestreckt, zur Untersuchung besonders geeignet. Die vorderen derselben, theilweise unter den Fühlern versteckt, eine hatte eine Länge von 6 Millim. und reichte zurückgelegt bis zum 9-ten Segment; ihr Stamm spaltete sich sogleich über dem Ursprunge in zwei Stämmchen, das äussere ansehnlichere derselben nach sehr kurzem Verlaufe in zwei etwas längere Äste, von denen wiederum der äussere der stärkere war und in eine wiederholt sich verästelnde Gabel endete. Eine der hinteren Kiemen war nur 3·5 Millim. lang und besass schlankere Äste, die aus noch früher eintretender Gabeltheilung hervorgegangen waren. In anderen Exemplaren erschienen die Kiemen so verkürzt und auf einen Ballen zurückgezogen, dass man sich gar keine Vorstellung von der Art ihrer Verästelung machen konnte. Die Zahl der Fühler, die dicht gedrängt in mehrfacher Reihe sassen, schätze ich auf ein paar hundert und die längsten derselben maassen über 20 Millim., bei anderen mehr contrahirten Exemplaren hatten einzelne fast die Länge des Körpers. Die Haarborsten, sehr schmal gesäumt, bilden ganz schmale messinggelbe Bündelchen, die Hakenborsten, mit einfachem Haken, je zwei Reihen, die von den Enden der Polster noch merklich abstehen, die längste derselben maass etwas über 1·5 Millim., die kürzeste etwa 1·2 Millim.

Die Röhre dieser Species, welche an zwei Exemplaren theilweise erhalten ist, hat eine sehr weiche Beschaffenheit, sieht graulich braun und pelzig aus, und enthält keine Conchylienfragmente, Steinchen oder Sandkörner, nur ein paar Bruchstücke von Bryozoenstöckchen.

Rücksichtlich der Zahl und Verästelung der Kiemen, des Mangels von Seitenlappen an den kiementragenden Segmenten und der Zahl der Borstenbündel ist *T. spiralis* Gr.[1] der hier beschriebenen Art am nächsten verwandt, doch hat sie weder Flösschen, noch eine so auffallende Menge von Fühlern, dagegen eine grössere Zahl von Segmenten, und Bauchschilder, deren hinterste nur sich verschmälern, während hier ihre Breite von Anfang gleichmässig abnimmt.

T. MEGALONEMA Schm.?

Terebella megalonema Schmarda, Neue wirbellose Thiere. II. pag. 15.

Vermiformis, antice tumida, pallida, segmentis fere 80, posterioribus haud ita longioribus et angustioribus quam mediis. Lobus capitalis semicirculatus, longitudine et latitudine segmenti buccalis. Tentacula fere 36, satis crassa, longiora usque ad segmentum 38-mum et ultra patentia. Scuta ventralia satis distincta 13, toris uncinigeris paulo angustiora, aeque lata, postrema 2 latitudine decrescentia. Segmenta branchigera 2, lobis lateralibus nullis dilatata. Fasciculi setarum a segmento 4-to, tori uncinigeri a 5-to incipientes, utrique usque ad postremum continuati, (pinnulae nullae). Setae capillares fasciculos angustos componentes, segmentorum anteriorum apice leniter curvatae, posteriorum tenerrimae apice geniculato subtilissime pectinato, dente inferiore producto nullo, uncini 2-seriales, rostro paulo bidente. Branchiae utrinque 3, maxime laterales ramosae, ramis plerumque in ramulos longiores exeuntibus, quasi cirratae; 3-ia modo major quam 1-ma, modo ei subaequalis vel minor, 2-da illa plerumque minor.

Fundort: **St. Paul.**

[1] Archiv für Naturgeschichte 1860, I, pag. 97.

Nur zwei Exemplare dieser *Terebella* sind besser erhalten, das grössere hat etwa 80 Segmente, von denen die hintersten ausserordentlich kurz sind, eine Länge von ungefähr 40 Millim. und eine grösste Breite von 4 Millim. Unter den Terebellen mit drei Paar Kiemen gibt es nur drei Species, bei denen die Haarborstenbündel bis an das Ende des Körpers fortlaufen sollen: *T. heterobranchia* Schm., *macrocephala* Schm. und *megalonema* Schm.[1]). Die erstere ist die einzige, bei der die vorderste Kieme aus mehreren nebeneinander sitzenden Stämmen besteht, zugleich fehlt ihren Hakenborsten der sonst gewöhnliche, dem Schnabel entgegengesetzte Schwanz, bei *T. macrocephala* verwandeln sich die hinteren Borstenwülste in Flösschen, bei *T. megalonema* bleiben sie ventral wie hier, und was Schmarda in seiner kurzen Beschreibung auch sonst von ihr anführt, beweist, dass sie der unsrigen ausserordentlich nahe stehen muss, ja sie enthält sogar nichts, was einer Identität widerspräche. Über die Farbe, welche bei *T. megalonema* röthlichgelb sein soll, lässt sich nicht urtheilen, sie ist wenigstens nicht dunkel. Ihre Länge beträgt 60 Millim., die Zahl der Segmente ist nicht angegeben. Die Fühler *(Branchiae cephalicae)* werden sehr lang genannt, contrahirt noch über die halbe Körperlänge hinaus reichend: ich fand die längsten 19 und 24 Millim. lang, d. h. bis etwa zur Hälfte der Länge oder etwas weiter gehend. Die Gestalt des Kopflappens und der Unterlippe zeigen nichts auffallendes. Das oberste, d. h. das vorderste Kiemenpaar soll das kleinste sein, bei einem unserer Exemplare ist dies auch der Fall, das dritte ist bei ihm entschieden grösser als die beiden anderen: bei einem zweiten Exemplar finde ich das 3-te kleiner als das erste aber grösser als das 2-te, bei einem dritten beide erstere gleich gross, die 2-te Kieme kaum kleiner auf der rechten, die 1-te grösser als die 2-te und diese grösser als die 3-te auf der linken Seite. Der Schnabel der Hakenborsten läuft bei beiden Arten in zwei Spitzen aus, ich vermisse nur die kleine Zacke an dem entgegengesetzten Rande, die Schmarda abbildet; auch Haarborsten von ähnlicher Form, d. h. mit knieartig gebogener, gegen das Knie hin sichtlich verbreiterter, am Oberrande kammartig eingeschnittener Spitze kommen vor, es fehlt ihnen nur der grössere, etwas abgesetzte Stachel am Knie selber; allein ausser diesen von Schmarda dargestellten Borsten gibt es auch noch andere stärkere, intensiver gelbe, mit blos leicht gekrümmter, allmälig verschmälerter linearer Spitze, deren Schmarda nicht gedenkt, diese setzen die vorderen Borstenbündel, die anderen, viel zarteren, die hinteren Bündel zusammen, so sehe ich sie z. B. am 25-ten, zuweilen endet ihre Spitze ganz fadenartig. Auf diese Abweichungen in der Gestalt der Borsten hin, darf ich unter solchen Umständen nicht eine neue Species aufzustellen wagen, sondern muss unsere *Terebella* von St. Paul vorläufig fraglich als *T. megalonema* aufführen, doch nicht ohne ausdrücklich noch darauf aufmerksam zu machen, dass *T. megalonema* auf den Antillen vorkommt.

Gatt. SABELLA L. s. str. SAV.
S. PAULINA Gr. Taf. IV. Fig. 1.

Pallide carnea segmentis plus 24, ab initio 18-mum versus latitudine vix decrescentibus. longitudine anteriorum fere $^1/_6$*, posteriorum* $^1/_3$ *latitudinis aequante. Collare humile bipartitum. margine ventrali reflexo. Mutatio setarum ad segmentum 9-num et 10-num observata, sectione anteriore* $^1/_3$ *fere longiore quam lata. Scuta ventralia hujus integra, duplo latiora quam longa, segmentorum posteriorum sulco transverso bipartita. alterum tantum latiora quam longa sulco longitudinali*

---

[1]) Schmarda, Neue Turbellarien, Rotatorien und Anneliden II. pag. 42, 45. Taf. XXIV, Fig. 197.

distincto. Branchiae aequales, fila branchialia utrinque 17, seeniorbem compo-
nentia subtus membrana brevissima juncta, haud rittata, longius barbata, apice nudo
breri, pinnulis dorsualibus nullis, longiora segmentis proximis 17 junctis vix longiora:
2-dum. 3-ium. 1-tum. 5-tum oculo composito fusco, haud ita procul a basi remoto,
munita: lamina basalis humilis, a collari minime tecta. Tentacula albida ¹/₁ filorum
longiorum vix longiora. Setae sectionis anterioris duplicis generis, capillares
angustissime limbatae 6-nae et paleae, disco apicis late orato, haud mucronato,
12-nae, posterioris solae capillares, sinuatae, sub apice latius limbatae. 12-nae:
tori uncinigeri sectionis anterioris ceteris alterum tantum latiores, omnidiores,
uncinis ordine duplici, collocatis: alteris solita forma, alteribus normam referenti-
bus parte libera erecta lanceolata: tori 5 posterioris uncinis hamatis, ordine simplici.

Fundort: **St. Paul.**

Das einzige Exemplar war hinten unvollständig und hatte nur 24 Segmente: die Länge
betrug 7·5 Millim., die Breite des vorderen Leibesabschnittes ohne die Borsten 3 Millim., der
hinteren Segmente nur 2 Millim., die Länge der oberen Kiemenfäden bis 5·5 Millim., der Fühler 2 Millim. Diese Kiemenfäden der Rückenseite waren auch etwas dunkler (hell rauchbraun
gefärbt und ihre Rhachis stach durch einen noch dunkleren Längsstreif gegen die blassfleischfarbenen Bärtelchen ab, welche nicht gekräuselt und etwa dreimal so dünn und ein Drittel so
lang als die Rhachis waren, gegen die nackte kurze Spitze aber rasch und bedeutend an Länge
abnahmen. Nicht der erste, wohl aber die vier nächsten Kiemenfäden jederseits trugen in einem
Abstande von etwa einem Drittel ihrer Länge von der Basis ein sehr hervortretendes violett-
braunes, schmal weissumrandetes rundliches Höckerchen an der Rückenseite, welches sich als
ein zusammengesetztes, mit zahlreichen Linsen versehenes Auge herausstellte, und an dem
5-ten Faden auffallend kleiner als an den anderen, an dem 3-ten der linken Kiemenhälfte aber
doppelt war, eines in einiger Entfernung über dem andern. Die Fühler waren schnell zugespitzt, die Hälften des Halskragens nicht an der Seite eingekerbt, und an der Rückenseite in
einen aufgerichteten, an der Bauchseite in einen umgeschlagenen Lappen verlängert. Von den
vorderen zum Theil an sich etwas breiteren einfachen Segmenten gingen etwa fünf auf drei der
hintersten von den unten deutlicher durch eine Querfurche getheilten und von einer Längsfurche halbirten. Von linearen Borsten gibt es drei Formen, in den Bündeln der vorderen
Leibesabtheilung schmal gesäumte, sanft gekrümmte Haarborsten, und stärkere weniger vor-
ragende, mit einer breit ovalen Platte endende Paleen, diese zu je sechs in einer Reihe, diese zu
je sechs in zwei Reihen, in den Bündeln der hinteren Abtheilung nur stark geschweifte, ziemlich breitgesäumte, langzugespitzte Borsten. Ebenso enthält jede der zwei Reihen, in denen die
Hakenborsten des vorderen Leibesabschnittes sitzen, eine verschiedene Form derselben: die
einen sind von gewöhnlicher Entenhals-Form, die anderen zarteren, einem Winkelmaass ver-
gleichbar, dessen einer gleich schmaler Schenkel der Haut anliegt, während der andere auf-
gerichtet ist und eine schieflanzettförmige Gestalt hat; die *Uncini* des hinteren Leibesabschnittes
dagegen haben alle dieselbe Gestalt und stehen in einfacher Reihe.

Eine solche doppelte Form von Hakenborsten begegnet uns auch bei *S. crassicornis* Sars,.
die auch bis 17 Kiemenfäden jederseits und, obwohl selten, nicht mehr als ein Paar Augen an
ihnen besitzen soll, allein es ist doch immer von einem Paar die Rede, bei unserer Art sehe ich
nur ein einzelnes Auge und dieses nur an vier Fäden, überdies sind die linearen Borsten von

S. crassicornis nur von einerlei Gestalt, Paleen fehlen. Noch mehr werden wir an *S. oculata* Kr. erinnert, bei der sowohl lineare als Hakenborsten von verschiedener Form auftreten, von ersteren dreierlei, von letzteren zweierlei, auch oftmals nur an fünf Kiemenfäden ein Auge vorkommen soll, aber die Kiemenfäden (jederseits blos 9 bis 14) sind gebändert, und die Länge des vorderen Körperabschnittes ist dreimal so gross (bei unserer Art höchstens 1½mal so gross) als seine Breite die Zahl seiner Segmente 10—12 (bei unserer Art 9). Beides sind entschieden nordische Species. Vergleicht man noch *S. vesiculosa* Mont., so sind auch ihre Kiemen gebändert, sie tragen jedoch ihr Auge nicht nahe der Basis, sondern an der Spitze; die Haarborsten sind der Abbildung nach alle gleich gestaltet.

OLIGOCHAETA.

Gatt. PERICHAETA SCHMARDA[1]).

P. TAITENSIS Gr. Taf. IV, Fig. 2.

Vermiformis, subteres, utrinque sed posteriora versus magis attenuata, segmentis fere 120, anterioribus fere 13 subtus planis, ex griseo brunneis, splendore laete viridi. latitudine longitudinem 3-plam aequante, ceteris teretibus, dimidio brevioribus paulo flaccidis pallidioribus splendore nullo, omnibus (1-mo, 14-to et 15-to exceptis) cingulo albido lineari, uncinos numerosos continente instructis. Lobus capitalis haud satis distinguendus. Segmentum 14-tum et 15-tum colore fusciore hepatico quasi velutino insignia. pro clitellis habenda, paulo tumida; 14-tum subtus areola vel foveola anteriore munitum. Aperturae genitalium masculorum 4, 2 subtus inter segmentum 7-tum et 8-vum, 2 inter 8-vum et 9-rum, vulrae 2 sub segmento 17-mo sitae. Pori dorsuales lineam mediam tenentes, inter segmentum 12-mum et 13-ium incipientes, per totam corporis longitudinem apparentes. Uncini recti, apice tantum leniter incurvo, obtuso, tenerrimi, cujusve cinguli 60 vel plus, segmentorum extremorum fere 30. Anus supra et subtus crena minuta instructus.

Fundort: **Taïti.**

Von den zwei Exemplaren, welche ich untersucht habe, beträgt die Länge des einen 91 Millim., seine grösste Breite, abgesehen von dem Gürtel (etwa am 8-ten Segment) 5 Millim., die Zahl der Segmente 120, das andere ist etwa ebenso gross aber weniger contrahirt und hat nur 101 Segmente. Schmarda hat vier Arten dieser Gattung aufgestellt, die lebend wahrscheinlich leichter als nach Weingeistexemplaren zu unterscheiden sind und von denen mir *P. viridis* aus Ceylon unserer Species am nächsten zu kommen scheint[2]). Mag aber dieses Thier gestreckt oder contrahirt gemessen sein, so deutet die annähernd doppelt so grosse Zahl von Segmenten (209) bei einer nur wenig ansehnlicheren Länge (100 Millim.) auf die grössere Kürze der Segmente, überdies sind die Borsten der *P. taitensis* an den Enden weniger gekrümmt und wenigstens an den vorderen Segmenten stärker (etwa 0·17 Lin. lang und 0·019 Lin. dick, während bei den Borsten der hintersten Segmente die Länge etwa 0·012 und die Dicke 0·011 beträgt),

---

[1]) Die Beschreibung die Templeton an seinem *Megascolex coeruleus* gibt (Ann. nat. hist. XV. 1845, pag. 58) zeigt, dass die Gattung *Perichaeta* mit *Megascolex* wahrscheinlich zusammenfällt.

[2]) Schmarda. O. c. II. pag. 13, Taf. XVIII. Fig. 161.

beide Spitzen sind stumpf. *F. viridis* ist schmutzig grün gefärbt mit röthlichen Reflexen, bei unserer Art sind letztere lebhaft grün. Über die Beschaffenheit des Kopflappens ist bei **Schmarda** weder in der Charakteristik der Gattung noch bei einer der vier Arten etwas angegeben; ich vermag gar keinen bestimmt abgegrenzten Kopflappen zu erkennen, sondern sehe nur einen etwas verdickten ringförmigen Theil zwischen dem ersten borstenlosen Segment und der Basis des vorgestülpten Pharynx, an dem einen Exemplar tritt die mittlere Rückenpartie dieses Theiles wie ein stumpfer Lappen in das Mundsegment hinein; vielleicht ist dies der hintere Theil eines Kopflappens, doch ist gerade diese Stelle an beiden Exemplaren nicht sehr gut erhalten. Was aber die Genitalöffnungen betrifft, so kann ich diese mit Sicherheit nachweisen. Sie liegen rechts und links von der Mittellinie des Bauches fast mitten zwischen ihr und dem Seitenrande, die zwei vorderen Paare, schwerer zu erkennen, auf der Grenze des 7-ten und 8-ten und des 8-ten und 9-ten Segmentes auf einer kleinen flachen Erhabenheit, in ein Quadrat gestellt; die Fläche zwischen ihnen ist etwas ausgehöhlt. Die Vulven, am 17-ten Segment selbst, stehen etwas mehr auseinander und zwischen ihnen befindet sich, doch nur an dem erstgenannten Exemplar, eine Querreihe von vier querovalen, mit einem weisslichen Wulst umgebenen Grübchen, vor denselben liegt die Stachelreihe. An den zwei Gürtelsegmenten fehlen die Ringe der sonst vorkommenden Stacheln, statt deren ein Ring von weisslichen Pünktchen, wahrscheinlich Schleimporen, auftritt und vor ihm sehe ich mitten unten einen weisslichen Hof, der von einer feinen Öffnung durchbohrt ist. Die Rückenporen der Lumbrici in der Mittellinie auf den Grenzen der Segmente bemerke ich auch bei unserer *Perichaeta*, und zwar den ersten derselben auf der Grenze des 12-ten und 13-ten Segmentes, auf dem Rücken des Gürtels finde ich aber nicht zwei, sondern drei Poren hintereinander, so als ob derselbe hier aus drei Segmenten bestünde, bei dem zweiterwähnten Exemplar weder diese Poren noch so deutliche Reihen weisser Pünktchen.

DISCOPHORA.

Gatt. HIRUDO L. s. str.

H. SEPTEMSTRIATA Gr. Taf. IV. Fig. 5.

Ex olivaceo grisea, depressa, laevis, dorso vittis longitudinalibus fuscioribus 7 ornata, media ceteris, aeque distantibus, latiore, a proximis paulo longius remota, externis marginem tangentibus, ventre concolore, annulis completis fere 93, 5-to quoque serie transversa papillarum minutarum albidarum 6 munito. Discus posterior radiis albidis 5 ad 7 striatus. Oculorum par postremum a 4-to annulis dorsi 2, par 4-tum a 3-io annulo 1 distans. Aperturae genitales inter annulum ventris 24-tum et 25-tum et inter 29-mum et 30-mum sitae.

Am **Cap** von einem Apotheker erhalten, vielleicht aus Ostindien stammend.

Alle vier Exemplare zeigten noch sehr deutlich 5, eines 7 weissliche, strahlig divergirende Streifen auf dem Rücken der Endscheibe, aber nur die kleineren die sieben dunkeln Rückenstreifen und die weissen, in Querreihen zu je 6 bis 10 stehenden Rückenpapillen des Leibes. Bei dem grössten waren die Längsstreifen und Papillen schwerer zu erkennen. Dieses hatte eine Länge von 23 Millim. und eine Breite von 8 Millim. an der breitesten Stelle, die Endscheibe einen Durchmesser von 3·3 Millim., bei einem der kleineren waren diese Zahlen 13 Millim., 3·5 Millim. und 2 Millim. Die drei seitlichen Streifen waren etwas schmäler als der mittlere und dieser stand von den nächsten etwas weiter ab als die seitlichen unter sich, in jenem breiteren Zwischenraume ferner war bei einem noch ein ganz linearer dunkler Längsstreif eingeschoben. Die Papillen standen ziemlich auf den drei Seitenstreifen. Der Seitenrand war nicht sehr scharf gekerbt, die Afteröffnung klein, wie bei einem echten *Hirudo*, Lage der Genitalöffnungen und Stellung der Augen ebenfalls damit übereinstimmend, aber die hinteren Augenpaare schwer erkennbar.

II. CAPENSIS Gr. Taf. IV, Fig. 4.

Obtuse lanceolata. lata. depressa, brunnescens. supra striis longitudinalibus nigris interruptis 5. intermediis 2 minus distinctis. margine angusto pallidiore, subtus pallidior. vitta marginis latiore nigra. annulis completis 95, areolatis nec vero granulosis. 5-to quoque serie papillarum albarum 8 transversa munito. Discus posterior concolor. Aperturae genitalium ut in II. septemstriata sitae.

Gefunden am **Cap** in den stagnirenden Gewässern zwischen Kalk- und Tafelbay.

Das einzig vorhandene Exemplar hat eine Länge von 57 Millim. am 64-ten und den folgenden Ringeln eine Breite von 15 Millim., am 30-ten eine Breite von 12 Millim., grösste Dicke 4·75 Millim., Durchmesser der hinteren Scheibe 5·5 Millim.

Das Thier ist verhältnissmässig breit. vorn weniger verschmälert, die Farbe des Rückens ein helles Braun, der Bauch blässer. So viel man jetzt zu erkennen vermag, werden die fünf schwarzen Längsstreifen des Rückens, von denen die paarigen, besonders die inneren derselben viel schwerer als der unpaare erkennbar sind, immer durch je zwei Ringel unterbrochen und erstrecken sich immer nur auf drei Ringel hintereinander, deren mittelster vom 13-ten Ringel an eine Querreihe von acht weissen Papillen trägt. Diese sind so vertheilt, dass die innersten dicht neben dem unpaaren Streifen, die äussersten an der Grenze der schmalen den Rand selbst einnehmenden Binde, das dritte Paar diesen nahe und nach aussen von den äussersten schwarzen Seitenstreifen, das vierte Paar nach aussen vor dem inneren Seitenstreifen steht, der innerste Seitenstreif befindet sich näher dem Rande als dem unpaaren Streifen. Auch auf der Bauchseite trägt vom 23-ten an jeder 5-te Ring und zwar an der Aussengrenze der breiten schwarzen unmittelbar neben dem hellen Rande hinziehenden Binde eine weisse Papille. Augen waren gar nicht, die Genitalöffnungen aber sehr deutlich zwischen dem 24-ten und 25-ten und zwischen dem 29-ten und 30-ten Ringel erkennbar.

Unter den der Beschreibung nach mir bekannten Blutegeln gibt es nur wenige mit dunkeln Rückenlängsstreifen: *H. tristriata* Schmarda und *Stanguisuga granulosa* Sav., die von den Körnchen oder höckerartigen Erhabenheiten der Ringel ihren Namen trägt. Savigny gibt deren 38 bis 40 auf den mittleren an, erwähnt aber weder die Eigenthümlichkeit, dass jene Längsstreifen unterbrochen sind, noch weisser Papillen auf der Rückenseite der Ringel, noch breiter, schwarzer Randbinden auf der Bauchseite wie sie bei unserem Thier vorkommen. Da ich nun auch seine Ringel nur durch zahlreiche Längsfurchen gefeldert finde, ohne dass diese Felderchen sich körnerartig erheben, so muss ich an der Identität dieser beiden Arten zweifeln, abgesehen davon, dass *S. granulosa* bei Pondichery zu Hause ist. *Hirudo tristriata* Schmarda aber, dessen schwarze Rückenlängsbinden nur in der Zahl 3, und zwar auf schmutziggrünem Grunde vorkommen, und ebenfalls ununterbrochen zu sein scheinen und dessen Bauch einfarbig grünlichbraun beschrieben wird, ist eine australische Art.

An der Unterseite des Kopflappens (oder der Oberlippe) bemerke ich, ähnlich wie Savigny bei *Bdella nilotica* beschreibt, eine wohl markirte nach hinten sich merklich verbrei-

ternde Längsfurche, wie sie aber auch bei manchen anderen nicht afrikanischen Arten vorkommt.
Die plattgedrückte breite Gestalt des Körpers erinnert an *H. septemstriata.*

H. MACULOSA Gr. Taf. IV. Fig. 6.

*Obtuse lanceolata, depressa, subgranulosa, ex olivaceo grisea, margine maculis
minutis nigris quadrangulis, alternatim modo 1, modo 2 annulos praetermittentibus
ornato, stria dorsi media continua subfusca, seriebus lateralibus utrinque 1 vel 2 macu-
larum vel striolarum fuscarum interruptis, ventre concolore pallidiore, annulis completis 95. Discus posterior plus minus distincte radiatus, radiis albidis 8, mediis
4 saepe macula fusca utrinque una separatis. Oculi et aperturae genitalium ut in
H. septemstriata sita.*

Fundort: Singapore.

Das grösste Exemplar hatte eine Länge von 60 Millim., eine grösste Breite von 12 Millim.
bei 4 Millim. Dicke und einen Durchmesser der Endscheibe von 9 Millim., das nächst grosse
eine Länge von 53 Millim., eine grösste Breite von 8.5 Millim. und einen Durchmesser der
Endscheibe von 7 Millim., eines der kleinen eine Länge von 29 Millim. bei einer Breite von nur
3·3 Millim. und einen Durchmesser der Endscheibe von 4 Millim. An letzteren waren die
Augen sehr deutlich zu erkennen. Die am Rande des Rückens stehenden schwarzen quergezogenen rechteckigen Flecken, welche regelmässig bald einen, bald zwei Körperringe über-
springen, fallen bei allen gleich in's Auge, weniger übereinstimmend ist die sonstige Rücken-
zeichnung, deren Muster jedoch immer bei jüngeren Exemplaren. z. B. von 20 bis 32 Millim.
Länge ausgeführter und regelmässiger als bei grossen zu sein pflegt. Bei einem solchen von
32 Millim. Länge, 3·7 Millim. grösster Breite und 3·5 Millim. Durchmesser der Endscheibe sehe
ich den hier nur blassen Mittelstreifen von einem kettenartigen Muster eingefasst: die breiteren
Glieder der Kette, die aber ohne vordere und hintere Grenze mit ebenso offenen schmalen
abwechseln und deren Breite etwa ein Fünftel bis ein Viertel der Leibesbreite beträgt, nehmen
immer drei, die anderen, halb so schmalen zwei Körperringel ein. Zwischen den breiten Glie-
dern und den grossen schwarzen Randflecken laufen drei Längslinien, von denen aber die beiden äusseren an den Ringeln, welche die schmalen Glieder der Kette einnehmen, unterbrochen
zu sein pflegen, zuweilen gilt dies auch von allen drei, mitunter erscheint noch eine 4-te ganz
unterbrochene Längslinie, die hauptsächlich die je zwei näher hinter einander gelegenen Randflecken verbindet: den Mittelrücken der Endscheibe nimmt ein grosser quergezogener Ring mit
etwas zackiger Einfassung ein, noch breiter als die breiten Glieder der Kette. Alle diese Zeichnungen sind linear und in Schwarz ausgeführt. Bei einem andern ziemlich ebenso grossen
Exemplar sind durchweg von der Kette nur die schmalen Glieder sichtbar, die breiten kaum
angedeutet, wie denn überhaupt die Einfassung der schmalen in allen Exemplaren kräftiger zu
sein pflegt. Bei einem dritten kleineren Exemplare verbinden sich die beiden neben der Kette
liegenden Längslinien vor ihrer jedesmaligen Unterbrechung zu schmalen langgestreckten
Ringen, und die Endscheibe trägt nur zwei helle Strahlen, während sie in anderen Fällen sogar
deren acht oder eine quere Verbindung von vier dunkeln Ringzeichnungen zeigt. Endlich gibt
es unter den kleineren Individuen ganz bleiche, an denen man ausser den Randflecken fast gar
keine Spur von Zeichnung bemerken kann. Die grossen Exemplare zeigen ausser den meist
sehr breitgezogenen Randflecken und dem Mittelstreif fast nur winzige Fleckchen oder Längs-
strichelchen als Ueberreste der oben beschriebenen Muster, dagegen werden hier weisse in

Querreihen zu je acht auf jedem 5-ten Ringel vorkommende Papillen sichtbar, von denen jederseits eine unmittelbar neben dem Rückenstreif, zwei hinter dem Randfleck, und eine diesem näher als jenem steht. Die Ringel sind deutlich durch tiefere Längsfurchen oben wie unten in eine Reihe von etwa 20 bis 24 Buckelchen getheilt, eben solche trägt die meist mit vier oder fünf weissen strahlig laufenden Streifen gezierte Endscheibe. Zu bemerken ist noch, dass die mit Randflecken versehenen Körperringel niemals mit Papillen besetzt sind, und dass diese erst an dem 2-ten der auf das letzte Augenpaar folgenden Ringel beginnen, während der Mittelstreif schon am ersten Augenpaar anfängt. Der ganze Kopftheil ist in der Regel sonst wie die Bauchseite einfarbig, oder höchstens mit ein paar Pünktchen besetzt. Der Seitenrand ist nicht sehr scharf gekerbt und ziemlich gerundet. Die grösste Breite dieses im Verhältniss sehr gestreckten Blutegels liegt in der Mitte, von wo sie nach beiden Enden, nach vorn bedeutender abnimmt, der Durchmesser der Endscheibe ist bald grösser, bald kleiner als jene. Von den ansehnlichen drei Schlundfalten eines grossen Exemplares war nur die eine noch mit ihrem Hautüberzuge versehen, an dieser zählte ich 87 Zähnchen, welche von dem einen Ende der Falte zum andern hin an Grösse so abnahmen, dass die breitesten etwa 0·024 Lin., die schmälsten weniger als 0·012 Lin. massen.

Diese Art ist sowohl an Gestalt als auch an Färbung am ähnlichsten der *Sanguisuga javanica* Wahlb. [1]), bei welcher die schwarzen Randflecken, wie ich an meinem Exemplare sehe, nach demselben Gesetz abwechseln, der Mittelstreif des Rückens aber unterbrochen sein soll, indem Längsflecken und Rosetten von je fünf schwarzen Pünktchen abwechseln; letztere kann ich nicht wahrnehmen; überdies zieht längs jedem Rande an der Bauchseite eine schwarze gleich breite Binde, welche unserer Art fehlt.

II. AUSTRALIS Besisto.

Hirudo australis Besisto Transact. of the Philosophic. Instit. of Victoria. III. Melbourne 1859. p. 18. J. Becker l. c. p. 36. — *Hirudo quinquestriata* Schmarda. Neue Turbell. Rotat. und Annelid. II. p. 2, Taf. XVI, Fig. 140.

Posteriora versus sensim dilatata, supra fusce olivacea striis longitudinalibus silaceis 6, medianis 2 linearibus inter se minime distantibus, lateralibus utrinque 2 dupla latitudine, altera marginem ipsum tenente, altera intermedia, ab hac minus quam a mediana distante, anteriora et posteriora versus attenuata, ab oculo postremo incipiente; subtus ochraceo concolor, annulis completis 97 quasi costulata. Discus posterior fusce olivaceus, interdum supra medio et ad latera ochraceus. Oculi et aperturae genitalium ut in praecedentibus sita.

Fundort: **Sydney.**

Von der Gestalt unserer medicinischen Blutegel, erreicht eine sehr bedeutende Grösse ; ein Exemplar von 65 Millim. Länge, 12·5 Millim. Breite, 6 Millim. Dicke und 7·3 Millim. Durchmesser der Endscheibe ist ein mittelmässiges, die ansehnlichsten sind 72 Millim. lang, bei einer Breite von 16 Millim., einer Dicke von 7 Millim. und einem Durchmesser der Endscheibe von 10 Millim.

Die Zeichnung, welche ich bei fast allen Exemplaren übereinstimmend finde, ist in den oben citirten Beschreibungen von Becker und Schmarda anders und so aufgefasst, dass das

---

[1]) Öfvers. Kongl. Vetenskaps-Akademiens Förhandl. XII. 1858. p. 233.

Oehergelbe des Rückens als Grundfarbe, das Dunkelolivengrüne als Längsbinden genommen ist, in welchem Falle dann fünf Längsbinden herauskommen, ich habe die andere Auffassung vorgezogen wegen der leichteren Vergleichung mit unserem medicinischen Blutegel; jedenfalls hat, wie die nach dem lebenden Thiere gegebene Abbildung und die Beschreibung von Ludwig Becker zeigt, die Bauchseite einen dunkleren Ton als die Rückenstreifen, ist mehr röthlich-gelbbraun oder dunkelocherbraun, oder ist im Gegentheil blässer (*viridi-flarescens* bei Schmarda); die mir vorliegenden Weingeistexemplare hatten theils diese, theils jene Fär-bung. Bei manchen der blassbäuchigen war die Randbinde weniger gelb und entschieden blässer als die anderen, die gelben Binden aber mit Schwarz eingefasst, der Zwischenraum zwischen der Rand- und der ihr zunächst liegenden Binde sogar ganz schwarz, eine Färbung, welche sich der von Schmarda angegebenen ganz annähert. Die Breite der Rückenbinden wechselt etwas, doch sind immer die beiden mittelsten linear, wohl bis 3mal so schmal als die nächstfolgende, und diese wiederum wird oft und hinten regelmässig von der Randbinde an Breite übertroffen, der Zwischenraum zwischen letzteren beiden ist durchgängig schmäler als sie und als der zwischen der linearen und der nächsten Binde; jene beginnen am vordersten, diese am hintersten Augenpaar, die Randbinde umzieht den ganzen Kopflappen selbst. Becker spricht nur von vier Paar, Besisto wenigstens von vier Paar Augen, es sind aber wie auch Schmarda fand, entschieden fünf Paar Augen vorhanden und in gleicher Stellung, wie bei *Hirudo medicinalis*, eben so verhält sich's mit den Genitalöffnungen und der After-öffnung.

II. (CHTONOBDELLA) LIMBATA Gr. Taf. IV, Fig. 7.

Terrestris. subteres, anteriora versus sensim attenuata, ex fusco viridis margine laterali ipso striisque dorsi postremi longitudinalibus 2 pallidioribus, annulis com-pletis 89, paulo crenatis, 5-to quoque mediorum et posteriorum serie transversa papillarum 4 vel 6 dorsuali ornato. Lobus capitalis haud ita productus. Ocu-lorum paria 5, postremum a 4-to annulis 2, hoc a 3-io ut anteriora annulo nullo separatum. Discus posterior subtiliter granulatus, a corpore minus sejunctus, parte libera dorsuali angusta. Aperturae genitalium inter annulum (completum) 24-tum et 25-tum et inter 31-mum et 32-dum sitae.

Fundort: Sydney.

Länge eines mässig contrahirten Exemplares (*A*) 30 Millim., grösste Breite 4 Millim., Dicke fast ebenso gross, Durchmesser der Endscheibe 4·7 Millim., bei einem andern fast gar nicht con-trahirten (*B*), wahrscheinlich erst einige Zeit nach seinem Tode in Weingeist gesetzten Exem-plar, bei dem sich die Oberhaut abgelöst hatte, betrug die Länge 23 Millim., die grösste Breite 6·1 Millim., die Dicke nur 2 Millim., der Durchmesser der Endscheibe 4·5 Millim.; ein drittes ganz vollgesogenes, eingekrümmtes, dessen Körperringel nur wenig von einander abgesetzt waren, mass 42 Millim in der Länge, 10 Millim. in der grössten Breite, 6·5 Millim. am 26-ten Ringel, 10 Millim. in der Dicke und seine Endscheibe blos 5 Millim. im Durchmesser. Bei allen Exemplaren fällt auf, dass die Endscheibe vom Körper weniger abgeschnürt, der freie Theil oder der Rand derselben an der Rückenseite schmal, und sie mit Ausnahme des Exemplares *B* an der ganzen Oberfläche gekörnelt ist. Eine annähernde durch tiefer einschneidende Längs-furchen entstandene Bildung von Buckelchen zeigen auch (mit derselben Ausnahme) die Körper-ringel der vorliegenden Thiere und der Kopflappen, so dass jedes Auge auf einem eigenen

Buckelchen sitzt. Der Körper ist ferner bei allen fast drehrund, und nur bei dem Exemplar *B* flacher und ähnlich wie bei unserem medicinischen Blutegel, aber auch hier nicht nach hinten zu wieder merklich verjüngt. Nach Ritter v. Frauenfeld's Mittheilung sind diese Thiere im Leben dunkelbouteillengrün, jetzt düsterbraun oder mehr graulich, der ganze Rand scharf abgesetzt weiss und auf dem hinteren Theil des Rückens, vom 23-ten Ringel vor dem Ende oder noch später anfangend, bemerkt man zwei schmale, hin und wieder etwas verbreiterte Längsbinden von etwas gedeckterer Farbe, in dem lebhafter braunen Exemplar *B* sind sie entschieden röthlichgelb, in einem kleineren vermisse ich sie gänzlich; über die Färbung dieser beiden Zeichnungen am lebenden Thier ist mir nichts bekannt. Bei manchen finde ich die vordere kleinere Leibeshälfte viel bleicher als die hintere, bei allen aber mit Ausnahme des grossen vollgesogenen Exemplares auf jedem 5-ten Ringel vom 33-ten an gerechnet, eine Querreihe von sechs oder auch nur vier weisslichen Papillen, die Bauchseite ist immer einfarbig. Was die Augen betrifft, so existiren zwar auch bei dieser Species fünf Paar, und zwar in einem hohen Bogen, auch nehmen die drei ersten Paare wie bei den vorhin beschriebenen und bei unserem medicinischen Blutegel drei auf einander folgende Ringel ein, aber der Ringel, der das 4-te Paar trägt, folgt unmittelbar auf den 3-ten, ist nicht durch einen eingeschobenen von ihm getrennt, dagegen steht der 4-te augentragende Ringel von dem 5-ten wie dort um zwei Ringel ab, so dass also hier die Ringel 1, 2, 3, 4, 7, bei den anderen die Ringel 1, 2, 3, 5, 8 mit Augen versehen sind. Alle diese Ringel sollte man eigentlich Halbringe nennen, denn die vorderen drei bilden einen blossen Lappen der Rückenseite, der dem Kopflappen anderer Anneliden entspricht, zugleich die Oberlippe oder vordere Hälfte der Mundscheide, die hinteren vier aber erstrecken sich auch nur bis an den Seitenrand und gehen hier erst durch Aufhören der Grenzfurche zwischen je zweien in die Bauchwand über, so dass bei *H. limbata* der 4-te und 5-te Halbring den ersten, der 6-te und 7-te den zweiten, bei *H. medicinalis* aber der 5-te und 6-te den ersten und der 7-te und 8-te den zweiten vollständigen Ring bilden helfen, bei *H. medicinalis* und seinen nächsten Verwandten also der Kopflappen um ein Halbring länger ist. Ebenso bietet die Lage der Genitalöffnungen, bei der man nur die vollständigen Ringe, wie sie eben an der Bauchfläche sich darstellen, berücksichtigt, eine bei allen von mir untersuchten Exemplaren vorhandene Abweichung dar; diese Öffnungen nämlich stehen nicht um fünf sondern um sieben Ringe auseinander, indem zwar die vordere zwischen dem 24-ten und 25-ten, die hintere aber erst zwischen dem 31-ten und 32-ten Ringe liegt. Auch muss ich darauf aufmerksam machen, dass die Zahl der vollständigen Körperringe (89) im Vergleich mit *H. medicinalis* und seinen nächsten Verwandten hier merklich zurücksteht. Was die Zähnchen der drei Schlundfalten betrifft, so kann ich nach der Untersuchung von einer derselben an einem kleinen Exemplar ihre Zahl auf 67 angeben, die Zähnchen sind scharf, von der gewöhnlichen Sparrenform, und nehmen so sehr gegen das eine Ende der Falte an Länge ab, dass die kleinsten noch nicht halb so breit als die ansehnlichsten sind.

Da nun meine Untersuchung lehrt, dass *H. Tagalla* Meyen keine andere Augenstellung als *H. limbata* hat, und bereits frühere Beobachter von *H. ceylanica* dargethan haben, was ich nur bestätigen kann, dass auch hier die Augen auf dem 1-ten, 2-ten, 3-ten, 4-ten und 6-ten Ringel sitzen, so hilft uns die Augenstellung diese Landblutegel, die sich schon durch ihre Lebensweise vor allen übrigen hervorthun, von diesen unterscheiden und unterstützt die Begründung einer eigenen Gruppe wenigstens für diese drei Arten, die weitere Erfahrung wird lehren,

---

[1] Schmarda i. a. W. II. p. 3. Taf. XVI, Fig. 143. Tennent Sketches of nat. hist. of Ceylon. 8⁰. Lond. 1861. p. 480.

ob auch die Landblutegel von Ostindien und Chile dieselbe Eigenthümlichkeit besitzen. Dagegen muss ich hier sogleich bemerken, dass die genannten drei Arten zwar in der Lage der vorderen aber nicht der hinteren Genitalöffnung übereinstimmen, denn diese befanden sich bei *H. Tugalla* am 29-ten, bei *ceylonica* wie bei *H. medicinalis* zwischen dem 29-ten und 30-ten, nicht aber wie bei *H. limbata* zwischen dem 31-ten und 32-ten Ringel. Die Oberfläche der Endscheibe erschien bei allen dreien granulirt, doch muss hier erst entschieden werden, ob dies auch bei den lebenden Thieren der Fall ist.

Gatt. NEPHELIS Sav.

N. QUADRILINEATA Gr. Taf. IV, Fig. 8.

Ex griseo flavescens, striis dorsi fusco-griseis longitudinalibus 4. dimidia intervallorum latitudine angustioribus, aeque distantibus, exterioribus marginem pallidiorem proximis, reutre concolore pallido, annulis completis fere 102. Aperturae genitalium inter 33-ium et 34-tum et inter 35-tum et 36-tum sitae.

Fundort: **Kar Nikobar.**

Das grösste Exemplar hat eine Länge von 35 Millim., eine grösste Breite von 3·8 Millim., an den Genitalringeln von 4 Millim., einen Durchmesser der Endscheibe von 3 Millim. und eine Dicke von 2 Millim., das kleinste eine Länge von 18 Millim., eine grösste Breite von 4 Millim., und eine Dicke von etwa 2 Millim. Beide zeigten auf dem graulichgelblichen Rücken vier dunkelgraue Längsstreifen in gleichen Abständen, die äusseren beiden standen ganz nahe dem merklich heller gefärbten fast weisslichen Rande. An einem dritten Exemplar von 21·2 Millim. Länge waren diese Längsstreifen sehr verblichen. Die Zwischenräume zwischen den Streifen sind etwas über 2mal so breit als diese selbst. An keinem Exemplar vermag ich sicher vier Augenpaare zu unterscheiden, aber die drei gut erkennbaren zeigen eine ähnliche Stellung wie bei *Nephelis* und der Mangel hoher, mit Zähnchen besetzter Schlundfalten, die Beschaffenheit der Schlundfurchen, die Lage der Genitalöffnungen, von denen die hintere nur punktförmig und der Habitus des ganzen Körpers sprechen entschieden für eine *Nephelis*.

N. ELONGATA Gr.

Elongata, vermiformis latitudine subaequali, ex olivaceo grisea, concolor, annulis completis 118 latis, 5-ies fere latioribus quam longis, plerumque transverse bipartitis. Aperturae genitalium inter annulum 32-dum et 33-ium et inter 38-vum et 39-num sitae.

Fundort nicht angegeben.

Das allein vorliegende Exemplar dieses Blutegels zeigt eine ausserordentlich gestreckte Gestalt und eine auffallend grosse Zahl von Leibesringeln. Die Länge beträgt 100 Millim., eine sich grösstentheils gleich bleibende Breite von 5·5 Millim.; gegen den Mund hin nimmt sie bis auf beinahe 3 Millim., gegen das Hinterende nur bis auf 4 Millim. ab, wie sie sich auch an der Endscheibe findet, die Dicke ist etwa 2 Millim., die Seitenränder sehr gerundet. Die Zahl der vollständigen Ringel beläuft sich auf 118, und an dem sehr stumpfen Kopflappen oder der Oberlippe kann man acht Halbringel unterscheiden. An der Innenfläche derselben bemerkt man sechs platte Längsfalten und eben soviel an der Unterlippe; von jenen beginnen die beiden mittleren gabelig, verschmelzen aber beim Übergang in den Schlund zu einer, so dass man dann noch eilf wahrnimmt, von denen einige obere sich an einer Stelle ein wenig abgesetzt erheben, ohne jedoch Zähnchen zu bekommen. Augen sind wie häufig bei Nephelis, die längere Zeit in Weingeist gelegen, gar nicht zu erkennen, die Endscheibe ist kreisrund, nicht vertieft, der After ziemlich klein. Hiernach stelle ich dieses Thier, obschon der Abstand der Genitalöffnungen von einander um mehrere Ringel grösser als sonst ist, wo sie fast unmittelbar auf einander folgen, vorläufig zur Gattung *Nephelis*. Zu bemerken ist noch, dass die mittlere dem Verlauf des Nervenstranges entsprechende Partie der Bauchfläche sich leistenartig emporhebt.

An die hier beschriebenen, von der Novara-Expedition gesammelten Anneliden schliesst sich noch ein Thier aus der Reihe der

TURBELLARIEN.

DENDROCOELA EHRBG.

Gatt. BIPALIUM STIMPS.

Sphyrocephalus Schmarda, *Dunlopea* Wright.

B. UNIVITTATUM Gr. Taf. IV, Fig. 9.

Brevius vermiforme, depresso rotundatum, postice sensim acuminatum, parte anteriore dilatata, paene semicirculari, utrinque prominente ancorae speciem praebens, supra ex violascente-brunneo griseum, limbo frontali albo, margine ipso subfusco, subtus pallidius griseum ritta longitudinali latiore alba, striam ochraceam continente, antice subito acuminata, marginem frontalem haud attingente. Os ventrale, paulo pone medium situm. Pharynx exsertilis patellaeformis, ritta alba vix latior, margine integro.

Fundort: **Madras.**

Das einzige Exemplar, das vorliegt, ist 37 Millim. lang, hinten etwas beschädigt, die Breite des Leibes beträgt 4 Millim., nimmt aber im letzten Drittheil allmälig ab, die Breite des Lappens, in den derselbe vorn übergeht 5·5 Millim., seine Länge 2·5 Millim., die Dicke überall 1·5 Millim. Jenes verbreiterte Vorderende ist fast halbkreisförmig, die seitlich vorspringenden Hinterecken desselben am Hinterrande scharf abgestutzt. Der Rücken hat eine Farbe zwischen Aschgrau und Violethbraun, der Stirnrand oben eine ziemlich breite weisse, unten eine entsprechende lineare Binde, während die dicke Rand selbst von dicht gedrängten Pünktchen bräunlich erscheint. Die ganze Unterseite ist heller braungrau und wird mitten der Länge nach von einer weissen Binde durchzogen, welche etwas schmäler als der 3-te Theil der Breite ist, einen ochergelben Streifen enthält, sich bis in die Mitte des Vorderlappens begiebt, und hier schnell sich zuspitzt. Die vorderste Partie der Binde erscheint durch Querfurchen, die den Mittelstreif aber nicht durchsetzen, wie gegliedert; doch entsprechen die Furchen der einen Hälfte nicht ganz denen der anderen. In diesem Streifen, etwa 21 Millim. vom Stirnrande, liegt die Mundöffnung, aus der ein schüsselförmig platter weisser Rüssel hervortritt; er ist wenig breiter als die weisse Binde, ganzrandig und an zwei Stellen kurz gefaltet. Eine Genitalöffnung war nicht zu bemerken.

Erklärung der Abbildungen.

Taf. I.

Fig. 1. *Euphrosyne capensis* Kinb.

Vorderhälfte von der linken Seite gesehen, mit vorgestülptem Rüssel, 2mal vergrössert.

„ 2. *Eunice gracilis* var. antennatae Sav. Vordere Partie vom Rücken gesehen, 6mal vergrössert.

„ 2ᵃ. Das 12-te Ruder mit seiner Kieme, 12mal vergrössert, von einem Exemplar bei welchem die Zahl ihrer Kamm-Zähne sehr ansehnlich wird.

b Kieme, *cᵈ* Rückencirrus, *cᵛ* Bauchcirrus.

„ 2ᵇ. Borsten und Nadeln noch stärker vergrössert.

s Borste aus dem oberen, *s′* aus dem unteren Bündel, *a* obere Nadel, *a′* untere Nadel aus einem der hinteren Ruder.

„ 3. *Eunice Frauenfeldi* Gr. Vordere Partie, von der linken Seite gesehen, 4mal vergrössert.

„ 3ᵃ. Das 26-te Ruder mit seiner Kieme 12mal vergrössert. *b* Kieme, *cᵈ* Rückencirrus, *cᵛ* Bauchcirrus.

„ 3ᵇ. Das 57-te Ruder desgleichen.

„ 4. *Lysidice capensis* Gr. Kopftheil vom Rücken gesehen, 12mal vergrössert.

„ 4ᵃ. Das 36-te Ruder etwa 30mal vergrössert.

„ 5. *Lumbriconereis carifrons* Gr. Vordertheil von oben gesehen, 10mal vergrössert.

„ 5ᵃ. Derselbe von der Bauchseite, desgleichen.

„ 5ᵇ. Das 18-te Ruder, von oben gesehen, etwa 30mal vergrössert.

„ 6. *Lumbriconereis Jacksoni* Kinb. Vordertheil von oben gesehen, 7mal vergrössert.

„ 6ᵃ. Das 18-te Ruder, von oben gesehen, etwa 30mal vergrössert.

„ 7. *Nereis Paulina* Gr. Vordertheil, von oben gesehen, 10mal vergrössert.

„ 7ᵃ. Das 35-te Ruder, 25mal vergrössert.

„ 7ᵇ. Borsten desselben stärker vergrössert.

„ 8. *Nereis (Nereilepas) Stimpsonis* Gr. (an var. variegatae?). vom Rücken gesehen 1½mal vergrössert.

„ 8ᵃ. Der Kopftheil mit dem vorgestülpten Rüssel, von oben gesehen, etwa 8mal vergrössert.

„ 8ᵇ. Derselbe von der Bauchseite.

Beide Figuren 8ᵃ und 8ᵇ sind von der im Text besprochenen kleineren Nereis vom Cap genommen, deren Rüsselbewaffnung ganz mit derjenigen übereinstimmt, welche der eingezogene Rüssel des grossen Exemplars Fig. 8 zeigt.

„ 8ᶜ. Das 14-te Ruder der Nereis Fig. 8, etwa 10mal vergrössert.

„ 8ᵈ. Das 60-te Ruder desgleichen.

„ 8ᵉ. Das 80-te Ruder desgleichen.

„ 8ᶠ. Eine der Sichelborsten stärker vergrössert.

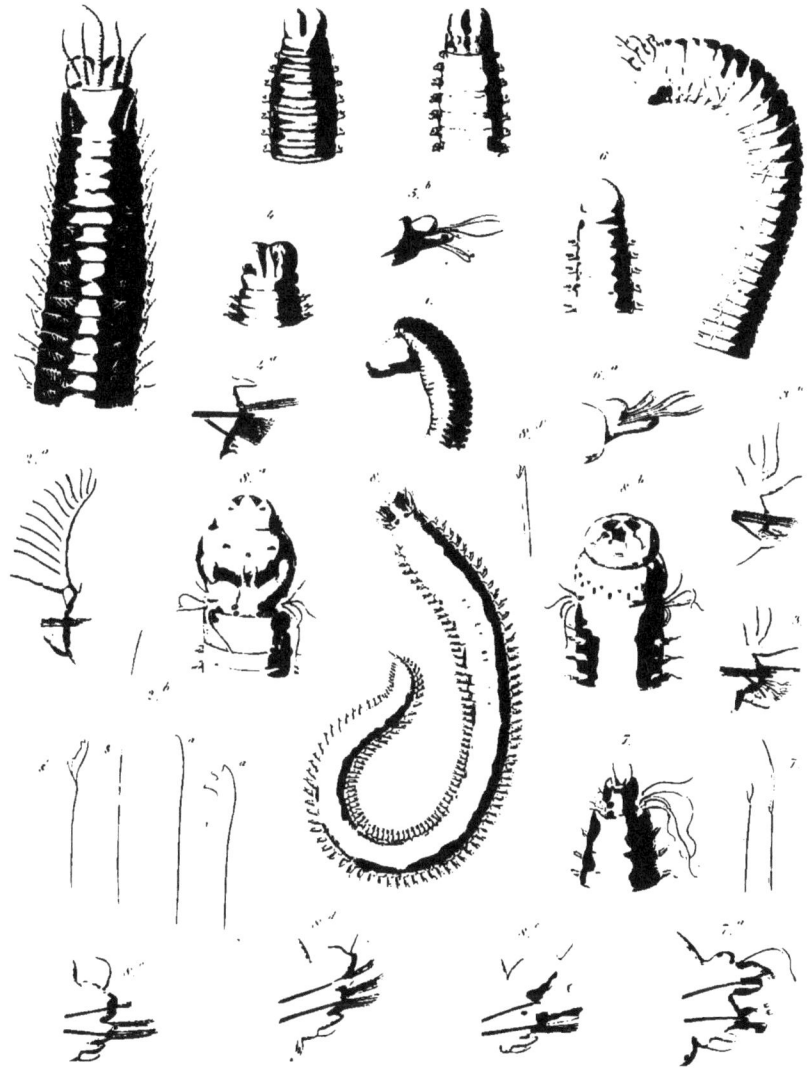

.

Erklärung der Abbildungen.

Taf. II.

Fig. 1. *Nereis languida* Gr. Der Vordertheil von oben gesehen, 6mal vergrössert.

„ 1ᵃ. Das 70-te Ruder derselben etwa 18mal vergrössert.

„ 1ᵇ. Der Rüssel derselben, nach dem Befunde beim Aufschneiden des eingezogenen ausgestülpt dargestellt.

„ 2. *Nereis (Nereilepas) brevicirris* Gr., von oben gesehen, etwa 1¹/₂mal vergrössert.

„ 2ᵃ. Vordertheil mit ausgestülptem Rüssel, von oben, 4mal vergrössert.

„ 2ᵇ. Dasselbe von unten.

„ 2ᶜ. Einzelne Kieferspitzzähne *(granula maxillaria)*.

α stumpfere aus der Querreihe der Oberseite, β schärfer dreieckige aus dem Gürtel der Unterseite des hintern Rüsselwulstes.

2ᵈ. Borsten der Ruder stark vergrössert.

„ 2ᵉ. Das 31-te Ruder 10mal vergrössert.

2ᶠ. Das 49-te Ruder desgleichen.

„ 3. *Tylorrhynchus chinensis* Gr., von oben gesehen, etwa 1¹/₂mal vergrössert.

„ 3ᵃ. Vordertheil mit ausgestülptem Rüssel, von oben gesehen 8mal vergrössert.

„ 3ᵇ. Dasselbe von unten.

3ᶜ. Ein einzelner Kiefer.

„ 3ᵈ. Borsten der Ruder stark vergrössert.

a′ grätenförmige, a″ annähernd sichelförmige, (denen jedoch die übergebogene Spitze fehlt) des 18-ten Ruders, p messerförmige Borsten des 54-ten Ruders.

„ 3ᵉ. Das 14-te Ruder der linken Seite 10mal vergrössert.

„ 3ᶠ. Der Seitenrand des unteren Borstenköchers von demselben Ruder.

„ 3ᵍ. Das 29-te Ruder derselben Seite.

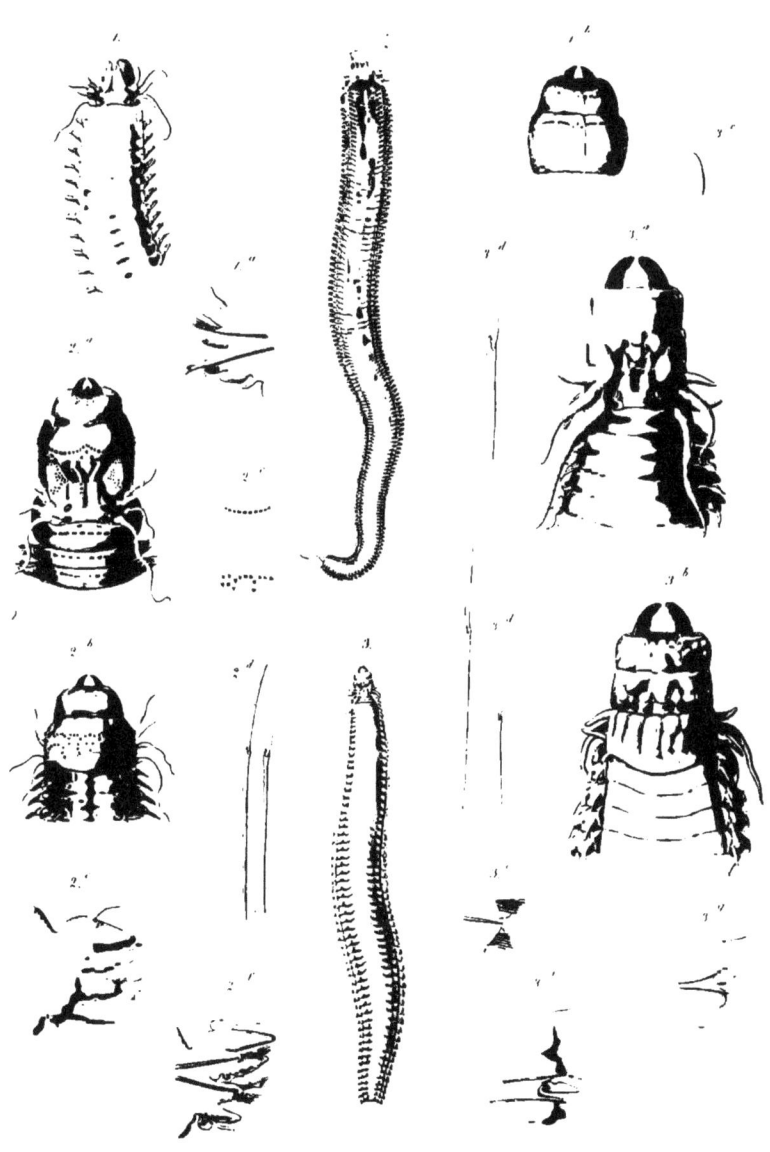

Erklärung der Abbildungen.

Taf. III.

Fig. 1. *Glycera nicobarica* Gr. Vordertheil von unten gesehen, 12mal vergrössert.

„ 1ᵃ. Das 112-te Ruder der linken Seite von hinten gesehen, stärker vergrössert.

„ 1ᵇ. Dasselbe von vorn gesehen, β die Kieme.

„ 2. *Syllis vancaurica* Gr. Vordertheil von oben gesehen, 8mal vergrössert.

„ 2ᵃ. Sichelborste des 12-ten Ruders.

„ 2ᵇ. Rückencirrus desselben.

„ 2ᶜ. Das 184-te Ruder.

„ 3. *Notomastus brasiliensis* Gr. Vordertheil mit ausgestülptem Rüssel, seitlich gesehen, 5mal vergrössert·

„ 3ᵃ. Hinterende, von derselben Seite betrachtet, bei gleicher Vergrösserung.

„ 4. *Dasybranchus cirratus* Gr. Vordertheil mit vorgestülptem Rüssel, seitlich gesehen, 5mal vergrössert.

„ 4ᵃ. Der Kopflappen mit den zwei augenförmigen Punkten und das Mundsegment von der Rückenseite.

„ 4ᵇ. Ein Stück der hinteren kiementragenden Körperpartie, halb von der Bauchseite, halb von links gesehen, 12mal vergrössert.

„ 5. *Psammocollus australis* Gr., von der linken Seite, 10mal vergrössert.

„ 5ᵃ. Vordertheil, 5ᵃ' Hinterende desselben Thieres, beides leicht gepresst, von der Bauchseite, 30mal vergrössert.

„ 5ᵇ. Eines der mittleren Segmente leicht gepresst, um die an der Bauchseite zwischen Darm und Leibeswand liegenden beiden Blindschläuche zu zeigen, welche zwischen dem Borstenbündel und dem Halbgürtel der Hakenborsten jeder Seite zu münden scheinen, über 60mal vergrössert.

„ 5ᶜ. Randpartie von einem der mittleren Segmente, stärker vergrössert, s Fächer der Haarborsten, s der obere Theil von dem darunter beginnenden bis nahe an die Mittellinie des Bauches gehenden Halbgürtel von Hakenborsten.

„ 5ᵈ. Eine dieser winzigen Hakenborsten bei mehr als 600facher Vergrösserung.

„ 5ᵉ. Das Ende von einer der Haarborsten ebenso vergrössert.

„ 5ᶠ. Die Röhre eines *Psammocollus australis* von ähnlicher Grösse als das in Fig. 5 dargestellte Thier, α Vorderende, π Hinterende, 10mal vergrössert.

„ 6. *Terebella dasycomus* Gr., von der linken Seite, 2½mal vergrössert.

„ 6ᵃ. Die linke Kieme des zweiten Paares, 6mal vergrössert.

„ 6ᵇ. Vordertheil derselben Terebella von der Bauchseite, ohne die Fühler.

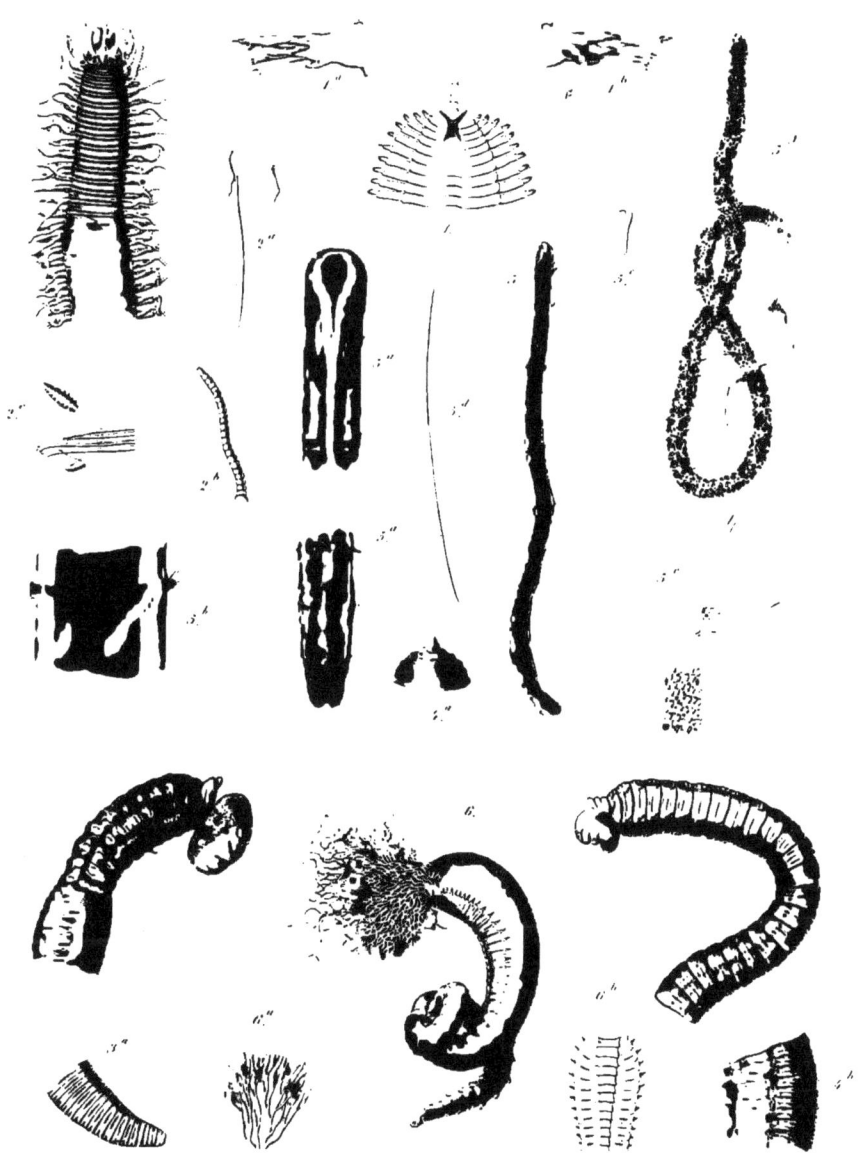

·

Erklärung der Abbildungen.

Taf. IV.

Fig. 1. *Sabella Paulina* Gr. Vordertheil von der Rückenseite, 8mal vergrössert.

_ 1ᵃ. Borstenbündel des vorderen Leibesabschnittes, aus Paleen und Haarborsten bestehend, stärker vergrössert.

_ 1ᵇ. Borstenbündel des hinteren Leibesabschnittes, blos aus breitgesäumten Haarborsten bestehend.

_ 1ᶜ. Eigenthümlich gestaltete Hakenborsten, welche mit den gewöhnlichen entenhalsförmigen die Doppelreihen in den Kämmchen des vorderen Leibesabschnittes zusammensetzen.

1ᶜ'. Eine jener eigenthümlich gestalteten Hakenborsten noch stärker vergrössert.

1ᵈ. Die gewöhnlichen entenhalsförmigen Hakenborsten des hinteren Leibesabschnittes in einfachen Reihen.

_ 1ᵉ. Der Vordertheil desselben Thieres von der Bauchseite, (von den Kiemenfäden nur der Basaltheil) 8mal vergrössert.

_ 2. *Perichaeta taitensis* Gr. Vordertheil von der Bauchseite 2½mal vergrössert.

mm männliche, f weibliche Genitalöffnungen.

2ᵃ. Ein Stück des Gürtels, welchen die Borsten um jedes Segment zusammensetzen, vergrössert.

_ 2ᵇ. Eine der Borsten stärker vergrössert.

_ 3. *Peripatus capensis* Gr. von der Rückenseite, Abbildung des lebenden Thieres von Ritter von Frauenfeld.

„ 3ᵃ. Ein paar Segmente desselben von der Bauchseite, etwas vergrössert.

_ 3ᵇ. Dasselbe Thier nach einem Weingeistexemplar, über 1½mal vergrössert, von der Rückenseite.

_ 3ᶜ. Ein Füsschen stärker vergrössert, von der Bauchseite, mit dem angrenzenden Theile der Bauchwand.

o die Halbschienen an der Spitze des Füsschens.

_ 4. *Hirudo capensis* Gr., einige Segmente der mittleren Körperpartie, von der Rückenseite, 2mal vergrössert.

_ 5. *Hirudo septemstriata* Gr., von der Rückenseite, 4mal vergrössert.

6. *Hirudo maculosa* Gr., von der Rückenseite, 2mal vergrössert.

_ 6ᵃ. Einige Segmente der mittleren Körperpartie von einem anderen Exemplar, bei welchem eine den Mittelstreif umgebende kettenartige Zeichnung ebenfalls deutlich hervortritt.

„ 7. *Hirudo (Chtonobdella) limbata* Gr., von der linken Seite, 3mal vergrössert.

„ 7ᵃ. Kopftheil von oben gesehen, um die Augenstellung zu zeigen, stärker vergrössert.

„ 7ᵇ. Die Partie vom 23-ten bis zum 34-ten der vollständigen Ringel, mit den beiden Genitalöffnungen, 5mal vergrössert.

_ 8. *Nephelis quadrilineata* Gr., von oben gesehen.

_ 9. *Bipalium unirittatum* Gr., von der Bauchseite mit vorgestülptem Rüssel, gegen 2mal vergrössert.

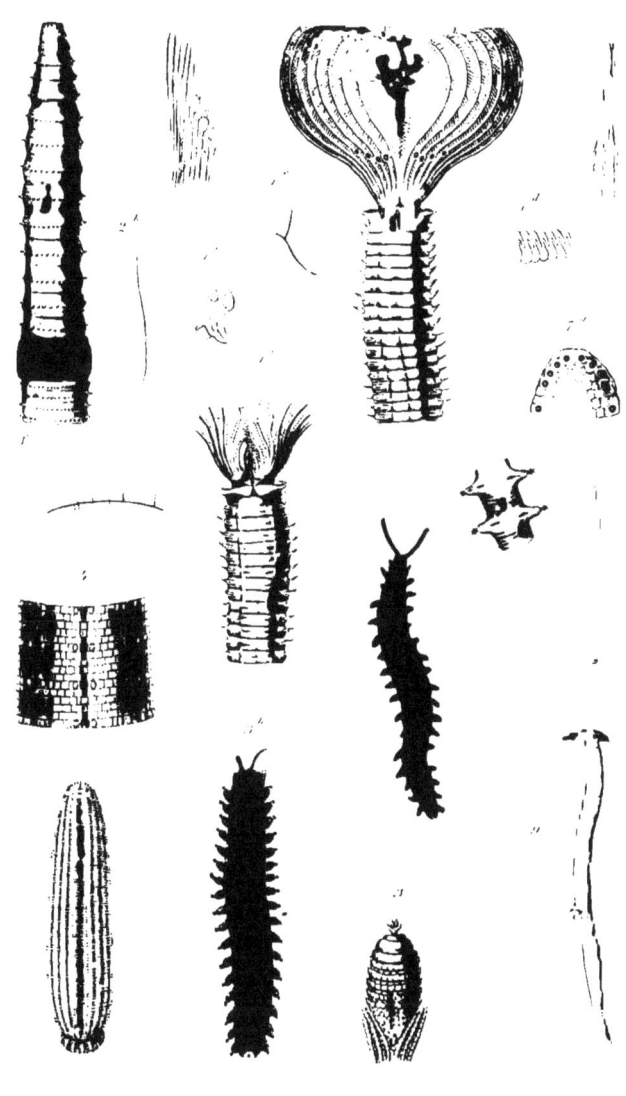